엄마의 유산

엄마의 유산,
위대한 계승의 시작 앞에서...

하얀 계절이 푸르게 필 때까지
엄마들과 함께 만났습니다.

하얀 계절이 서성이던 가로수길에 겨울 햇빛이 녹아내리는 오후, 2025년 1월 18일. 『엄마의 유산』의 저자, 김주원 박사가 마련한 〈위대한 시간〉 소식을 접한 후, 무언가에 이끌리듯 긴 여행을 잠시 미루고 그곳으로 달려갔습니다. 50여명의 사람들은 카페의 통창 너머에서, 해외를 비롯한 다양한 지역의 30여명은 온라인에서, 생의 목차에서 길을 찾는 간절함을 함께 나누었습니다. 몸과 마음으로 먼 곳을 달려 온 80여명은 꿈의 페이지가 한 장씩 넘어가는 감동과 설렘을 가슴 가득히 느꼈지요. 그 감격은 진동으로, 진동은 모두의 공명으로 이어져 진한 아쉬움을 남겼습니다. 1주일 후인 1월 25일 또 한차례 2차 온라인 만남으로 떨리는 공명이 배가 되었습니다. 이 날의 떨림은 지금도 여전합니다.

그리고 시작되었습니다.

2월부터 7월까지, 6여 개월 동안 『엄마의 유산』의 '계승'을 위해, 평범하기 그지없는 엄마들이 의기투합했습니다. 불안한 21세기를 살아갈 자녀에게 '삶에서 이것만은 알길 바라는 정신'을 엄마의 간절한 바람으로 편지에 쓰기로 했습니다. 시대적 불안을 안고 살아가야 할 자녀를 위해 삶의 통찰, 인간에 대한 사랑, 관계를 통한 공감. 이 시대 엄마라면 누구라도 하나씩은 지니고 있을 '엄마의 정신'을 '유산'으로 남기자는 뜻이 모아졌습니다. 그렇게 김주원 박사의 『엄마의 유산』에 이어 '함께 쓰는 엄마의 유산'을 위해 30여명의 엄마들이 일을 냈습니다.

그저 동네에서 흔히 만날 수 있는 평범한 엄마들입니다. 그렇게 6개월, 엄마의 정신을 담은 편지를 계승하는 쓰기의 여정은 온라인과 오프라인을 넘나들었고 드디어 7월, 12명의 엄마들 편지를 시작으로 2권의 책이 탄생했습니다.

워킹맘, 여성임원
디자이너, 교육학석사
교육자, 마케터, 회사원
그래픽 디자이너, 교사, 작가
비영리단체 활동가, 주부, 북디자이너
교수, 박사, 코치, 일러스트레이터, 세타힐링 프렉티셔너 우리의 공통점은 누구도 대신할 수 없는 엄마라는 사실입니다. 엄마란 이름은 상수처럼 변할 수 없는 생의 값이고 운명입니다. 우리의 차이점은 여러 페르소나를 가지고 있다는 사실입니다. 엄마의 역할은 변수처럼 언제든 주어진 역할을 감당할 수 있지요.

『엄마의 유산』 첫 번째 시리즈에 참여하신 엄마 작가들을 한 분씩 소개하는 제 마음이 떨립니다. 이들의 편지 속 단어와 문장은 그냥 쓰여진 것이 아님을 알기 때문이지요. 지난 6개월간의 여정에는 자신과 눈물로 씨름하던 새벽과 밤이 있었거든요. 『네가 바로 블랙스완이야』에 참여한 6명의 엄마 작가를 소개합니다.

강해정 작가는 오르기 위해 반드시 내려가야 하며, 내리막 없이는 오르막이 없다고 전합니다. 인생에서 내리막길을 잘 내려가는 방법을 제시하고, 모두에게 주어진 절대시간을 상대 시간으로 가치 있게 활용하기 위해서 시간지기를 고용하라는 특유의 통찰을 담았습니다. 그녀는 군복무 중인 아들과 고등학생 아들을 둔 두 자녀의 엄마입니다.

김주현 작가는 하고 싶은 것이 많았던 만큼 잠재성을 마음껏 끌어내기 위해 세상 어디든, 언제든지 떠날 수 있는 용기를 품고 꿈을 펼칠 수 있기를 부탁합니다. 의미 있는 의존과 자립의 힘이 자신을 넘어, 주변 사람들과 세상에 선한 영향력으로 퍼져나가기를 응

원하는 마음을 담아 편지를 썼지요. 자연이 아름다운 뉴질랜드에서 생활하는 그녀는 4살 외동딸을 둔 엄마입니다.

김채희 작가는 태어날 때부터 마음속에 천국을 건설할 수 있는 위대한 능력을 지니고 있으니 결코 두려워하지 말라고 당부했습니다. 마음의 천국을 짓는 실천 방법을 전했으며, 세상을 이롭게 하는 '선한 부자'가 되기를 부탁하고 부의 연금술을 일러주었습니다. 자녀의 귀한 원석을 찾아내고 싶은 그녀는 대학생과 중학생, 두 딸의 엄마입니다.

서유미 작가는 사랑하는 딸이 자폐스펙트럼 진단을 받은 후, 발달장애라는 틀에 가둬놓은 엄마의 편협한 인식과 기준을 통회하는 마음으로 편지를 시작했습니다. 블랙스완의 날갯짓으로 새로운 세상을 향해 힘차게 날아오르길 간절히 바라는 마음과 슈퍼지렁이를 통해 제자리를 지킨 자의 초월적 힘을 강력하게 전한 그녀는 6살 외동딸을 둔 엄마입니다.

정아라 작가는 '아이가 12살이 되기 전에 해봐야 할 50가지' 놀이를 어려서부터 경험하도록 했습니다. 경험을 통해 얻은 체험적 지식이 이론적 지식과 통합되어 성장하는 삶 속에 자리 잡길 바라는 마음과 세상에서 유일한 자기만의 고유성을 가지고 세상에 길들여지지 않길 바라는 마음으로 편지를 써 내려갔습니다. 비영

리단체의 일을 매우 사랑하는 그녀는 갓 스무 살이 된 자녀가 있는 엄마입니다.

정근아 작가는 대학생이 된 딸에게 새로운 세상은 무한한 가능성의 세계이므로 자신의 삶에 대해 깊이 질문하고 사유하라고 권합니다. 사유의 시간 4단계뿐만 아니라 인생에서 필요한 5가지 회오리로 나선형 성장을 그녀만의 철학으로 정리하여 편지를 썼습니다. 이와 더불어 세상을 바라보는 관점을 다양한 각도에서 조곤조곤 알려주는 그녀는 대학생 딸과 초등학생 아들을 둔 두 아이의 엄마입니다. 『엄마의 유산』을 비롯한 건율원의 모든 편집과 디자인을 기획하여 책을 제작한 장본인이기도 합니다.

김주원 작가의 『엄마의 유산』은 그녀가 아들에게 쓴 편지가 계기가 되어 탄생했습니다. 이후 계승되어야 할 엄마의 정신으로 공저를 기획하며 엄마작가들의 삶과 글이 연결될 수 있도록 편지 한통 한통마다 정신을 담기 위한 인문학 길라잡이 역할을 하였습니다. 그녀는 코칭과 강의를 통해, 글은 정신의 메스이자 혼(魂)의 공유임을 강조하며, 실천을 통해 얻은 것을 나누는 교육자의 행위를 귀하게 여깁니다. 대학생 딸과 아들을 둔 두 자녀의 엄마입니다.

그리고 서문을 쓰고 있는 **김경숙 작가**인 저는 유일하게 엄마가 아닙니다. 아내의 이름은 있으나 아이를 잃고 태가 닫힌 아픔이 있습니다. 쓰기와 의미를 잇는 실천적 삶을 살고 싶어서 시를 쓰고 창작활동을 합니다. 있어서 소중함도 알지만, 없어서 더욱 고귀함의 가치를 알고 있습니다. 교육이 일어나는 첫 장소인 엄마의 품과 가정의 중요성을 알고 엄마들의 귀한 정신이 잘 계승되어지길 바라는 마음을 간절히 담아 이 글을 쓰고 엄마와 자녀들을 위한 12편의 시를 헌시합니다.

우리는 삶의 모범답안이 없습니다.
김주원 박사는 『엄마의 유산』에서 젊은 날의 모든 씨앗부터 열매는 어느 것 하나 버려지지 않고 자녀를 위해 마련된 드넓은 대지의 양분으로 흡수될 것이라고 전한 바 있습니다. 그녀를 시작으로 함께 하는 공저 『엄마의 유산』는 자녀에게 엄마만이 줄 수 있는 정신을 절실한 마음으로 써내려간 이 시대 모든 MZ세대를 위한 편지입니다.

벗어날 수 없는 엄마의 숙명이 밖에서 안으로, 허물어져도 괜찮을 인식이 내면에서 정신으로 흐르기 시작했습니다. 한국, 호주, 미국, 뉴질랜드에서 밤과 낮을 릴레이 하며 엄마이기 이전의 '나'와 만나고, '자녀'를 진정으로 찾아가는 여정을 함께 했습니다. 글로 삶을 나누니 나의 눈물과 그대의 고통이 우리의 아픔으로 공유되기 시작했죠.

쓰는 양이 쌓여서 질적인 변화를 이끄는 시간이기도 했으며, 보이지 않는 이면의 것을 볼 수 있는 힘도 생겨났습니다. 이해한 만큼 소유하게 되는 정신이 '쓰게 하는 힘'을 만들었습니다. 엄마의 자리에서 우리는 견디고, 살리고, 세우는 삶을 살고 있는 존재들이었습니다. 매일 조금씩 성장하고 있는 너와 나와 우리를 만나게 되는 지점에 이르렀을 때, 솟구치며 흐르는 눈물을 서로가 바라보며 웃을 수 있었습니다.

아주 어린 자녀를 두거나 결혼하여 분가한 자녀를 둔 작가들의 연령 분포는 다양합니다. 우리는 대한민국 땅에 태어나 발달 과업에 맞는 교육편제에 적응하며 살았습니다. 생애주기에 따른 삶의 양식에 순응하며 살았지요. 부모님 세대가 살아온 삶의 방식을 답습하며 살고 있는 우리는, '엄마'라는 이름으로 다시 '자신'을 만나고 '자녀'의 본성을 새롭게 찾아가는 계기를 만들어 냈습니다.

오르막길을 잘 오르고 싶었지만 내리막길을 모른 척했고
마음에 천국을 짓고 싶었지만 지옥으로 만들기가 쉬웠고
고유한 나만의 길을 원했지만 뒤로만 가는 착각에 휩싸였고
사회생활을 잘하고 싶었지만 관계의 실체를 파헤치지 못했고
나아가길 원했지만 낡은 인식과 기준으로 두려움에 차 있었던
배움이 공부와 같다는 인식에 사로잡혀 삶과 연결 짓지 못했고
자립을 원했으나 정신의 힘이 약해 가족의 도움을 받아야 했고

저항하고 싶었지만 관습에 길들여져 순응과 적응에만 민첩했고 공부를 잘하고 싶었지만 왜 해야 하는지 제대로 질문하지 못했고 스스로 선택한 삶이라 믿었지만 타인에 부응하기 위한 것이었고 푯대를 향하지만 환경을 탓하면서 무기력과 패배에 빠져 있었고 성장하고 싶었지만 괴롭고 두려워 낯섦을 받아들이기 힘들었습니다.

하지만,
엄마인 자신들부터 내면의 바닥을 발견하곤
그 자리에서 멈출 수 없는 이유를 발견했습니다.

책을 쓰는 것이 목적이 아니었습니다.
쓰는 행위 이면에는 우리들의 육체적, 정신적 현주소를 읽어내는 맥락의 시간이 있었습니다. 좋지 않은 습관과 인식을 깨는 치열한 과정이 저마다의 무늬로 새겨져 있습니다. 살아온 생의 껍데기가 얼마나 두터운지 그리고, 얼마나 단단한지 알고 있기에 고통스러운 저마다의 골방에서 눈물을 닦아야만 했습니다.

우리 아이들에게만은 환경을 뛰어넘는 위대한 정신을 심어주기 위해 안 하던 짓을 하기 시작했지요. 새벽을 깨우고, 책을 읽고 쓰며, 엄마로서 기준과 역할을 세우기 시작했습니다. 일과 가정의 대소사를 모두 챙겨야 하는 일상은 일정한 시간을 밀도 있게 녹여내야 했고, 자발적인 고립도 결단해야 했습니다. 쓸데없이 보내는 시간과 물질도 관리하기 시작했지요. 나부터 세우기 시작하니 힘들기만 했던 것들이 하나씩 정리되는 삶을 체험하기에 이르렀습니다.

책을 쓰는 줄 알았는데 삶을 살고 있는
나를 만나고
자녀를 찾아가게 되는 우리를
서로가 바라보게 되었습니다.

쓰기 시작한 자리에서
그만둘 수도, 거부할 수도 없는 자리를 지켜왔습니다.
지금, 여기, 이 순간에 순종하며 걷기도 하고 달리기도 했지요.
우리가 답습한 틀에 박힌 인식을 걷어내고,
현재와 미래를 살아갈 자녀를 위해
간절한 바람을 편지에 담아냈습니다.

이 편지는
우리 자녀뿐만 아니라 부모들이 보셔도 좋은 책입니다.
또한, 『엄마의 유산』의 공저를 위해
새로운 작가들이 대기하고
엄마의 정신을 계승해 나갈 것입니다.

지금 우리는 흰 빛이 가득한 겨울을 보내고, 초록빛이 무성한 여름 한가운데에 서 있습니다. 편지를 쓰는 내내 작가들은 작가이자 엄마로서 '자신'을 만나고 '자녀'를 찾아가는 여정에서 이 책은 만들어졌습니다.

읽으시는 모든 분들이 자기안의 단단한 힘을 느끼고 엄마와 자녀가 편지를 주고 받으며 서로 깊이 공감하기를 바랍니다. 아울러 진솔한 마음들이 서로 따스하게 닿고 이어지기를 소망합니다.

엄마가 남길 정신
엄마가 쓰는 편지
『엄마의 유산』 계승을 이제 시작합니다.

시인 김경숙

차례

서문 | 하얀 계절이 푸르게 필 때까지 엄마들과 함께 만났습니다.

내면의 야성, 네 안의 아마존
고유성 - 정아라 - 18

널 분출시킬 필연적 낭비
내리막 - 강해정 - 40

회오리와 무위
존재 - 정근아 - 56

슈퍼지렁이의 제자리
초월 - 서유미 - 74

삶이 지옥이라고?
마인드 - 김채희 - 92

경계는 허상이란다
가능성 - 김주현 - 110

의미가 잉태되는 순간!

경험 - 정아라 - 130

의존하지 않는 것은 자립이 아니라 자만이야

의존 - 김주현 - 150

엄마의 충복을 소개할게!

시간 - 강해정 - 168

'넓은 세상', 너에게 어떤 의미일까?

사유 - 정근아 - 190

네가 바로 블랙스완이야

각성 - 서유미 - 214

부(富)의 연금술

부 - 김채희 - 230

엄마의 정신을 남기며 - 260

시인 김경숙의 자녀를 위한 헌시

대한민국의 새벽에 - 54

은혜의 꽃 - 90

우리의 학교 - 128

인생이 들려주는 노래 - 166

기울인다는 것 - 212

사랑이라는 이름으로 - 256

내면의 야성, 네 안의 아마존

아이야. 편지를 시작하면서 엄마는 네게 부끄러웠던 순간부터 고백해야겠어. 네가 8살, 초등학교 입학을 앞두고 있을 때 넌 여전히 한글을 떼지 못했어. 엄마가 물었지. "너는 한글 못 읽는데 안 답답해?", "어. 안 답답해. 수진이[1] 한테 물어보면 다 읽어줘!" 그리고 넌 해맑은 표정으로 덧붙였어. "근데 엄마! 시계는 친구들이 다 나한테 물어봐!" 그때 엄마는 머리를 한 대 맞은 것 같았어.

아이마다 타고난 것이 다르다고, 재능도 성격도 색깔도 다 다르다고, 입으로는 떠들면서 정작 엄마는 조바심이 났던 거야. 엄마는 말과 행동이 달랐던 거야. 그리고 찬찬히, 다시, 너희들을 바라봤어. 이제야 너희들 한 명 한 명이 눈에 들어오기 시작했어. 한글을

---

1 개인 정보 보호를 위해 글에 등장하는 아이들 이름은 모두 가명 처리하였다.

줄줄 읽던 수진이, 짜랑짜랑한 목소리로 노래하던 희주, 뒤로 줄넘기를 하던 '태릉인' 민우. 그리고 시계를 보는 너. 그게 각자의 특별하고 고유한 특성이라는 것을 다시 알게 되었어.

'고.유.성.(固有性, uniqueness)'
본래부터 너만이 가지고 있는 것.
네 안에 굳건하게 존재하는 것.
세상에 오직 하나!
Only One!
독특할 수밖에, 탁월할 수밖에, 유일할 수밖에 없는 그게 바로!
고유성이야.

너는 엄마를 통해 세상에 나왔지만 엄마에게 속한 존재가 아니라 세상이 품은 존재지. 그토록 소중한 너라서, 너의 경험을 쌓고, 너의 사고를 구축하고, 너의 색을 빛내며, 너의 꿈을 찾아 너의 길을 당당하고 신나게 걸어가기를 바라는 거야.

그런데 아이야. 너만이 갖고 있는 고유성을 따라 살아가는 것이 그리 쉽지만은 않단다. 너를 길들이려는 존재들이 너무 많거든. 코끼리 사슬 증후군(baby elephant syndrome). 아기 때부터 코끼리를 말뚝에 매어 놓으면 힘이 생겨도 결코 말뚝의 사슬을 끊고 나갈 생각을 하지 못하지. 삶은 개구리 증후군(boiling frog syndrome). 프랑스에서는 개구리를 산 채로 삶거든. 그러면 따뜻한 물을 좋아하는 개구리는 온기를 즐기면서 서서히 죽어가. 코끼리나 개구리처럼 산다면 너무 무섭고 슬픈 일일 거야. 그러니 아이야. 너를 길들이려는 그 족쇄가 무엇인지 알아차려야 해.

우선, **엄마에게 길들여지지 마라.**

안타깝게도 엄마는 너를 길들이려는 가장 가깝고도 위험한 존재란다. 너무 가까이 있고 너무 사랑하기에, 오히려 너를 너무 모를 수 있어. **숲속에 있으면 숲을 보지 못하는 것처럼 엄마는 네 옆에 늘 있어서 결코 널 냉정하게 바라보지 못하는 존재거든.**

'부모와 교사는 대부분 정원사보다 못하다[2]'.

정원사는 식물 하나하나의 본성에 따라 물을 주고 보살피지. '어떤 나무한테는 축복인 습기와 햇볕이 다른 나무는 죽일 수도[3]' 있다는 걸 알거든. 그런데 어떤 부모는 아이의 본성을 살피지 않고 무조건 물을 많이 줄수록 좋다고 여겨. **어떤 나무는 과도하게 물을 주면 죽는다는 것을 모르지.** 잘못된 사랑에 질식하듯 시들어가는 아이들이 많단다.

---

2 우리는 여전히 삶을 사랑하는가, 에리히프롬, 김영사, 2022.
3 우리는 여전히 삶을 사랑하는가, 에리히프롬, 김영사, 2022.

엄마는 너에게 어땠을까?
과도한 물을 주어 무르게 하지는 않았을까?
강한 빛을 쪼여 목이 타들어 가게 하지는 않았을까?
온기가 필요한 순간에 혼자 떨게 하지는 않았을까?
온도를 낮춰야 할 순간의 조급함이 너를 질리게 하지는 않았을까?

엄마는 너라는 고유한 씨앗이 싹을 틔울 수 있게 하는 적절한 온도이고 싶었는데... 아이야. 이제 너도 엄마와 같은 성인이야. 달라져야 할 것은 엄마의 온도겠지. 이제 너는 너라는 나무를 스스로 가꾸어 나갈 테니까. 엄마가 중심을 잃고 여전히 뜨거운 불을 내뿜는다면 그럴 땐 네가 한 발 떨어져 거리를 두어도 괜찮다.

사춘기 무렵 너의 온도가 변해가는 것을 느꼈을 때, 엄마는 어떤 어른이 되어야 할까 생각했어. 너를 혼내는 어른이 아니라 **'너와 싸우는 어른'**이 되어야겠다 싶었지. 강요나 회유로 널 막지 않고 엄마의 말을 하기보다 네 뜻을 스스로 말하게 해야겠다 결심했어.

아이야.
정원사보다 못한 엄마라면 엄마를 이기렴.
엄마를 딛고 나아가.
그러면 세상이 두렵지 않을 거야.
그것이 엄마가 진짜 원하는 바란다.

아이야. 너에겐 너의 발목에 매인 족쇄를 끊을 힘이 있어.
목이 마르면 스스로 물을 마실 수 있어.
햇빛이 필요하면 너를 태양 아래로 데려갈 수 있어.
그러니 아이야.
엄마를 뒤로 하고 네가 가고 싶은 곳으로 마음껏 떠나렴.

둘째, 제도에 길들여지지 마라.

너희들이 가장 오래 경험한 제도는 바로 학교일 거야. 어린이집부터 대학 졸업까지 거의 20년을 학교에 다니지. 이렇게 오래 다녔는데, 학교에, 제도에 길들여지지 말라 하여 혹시 놀랐니? 먼저 엄마의 말에 오해가 없었으면 해. 엄마가 말하는 '학교'가 교육의 본질이나 '선생님'을 의미하는 건 아니야. 통제와 억압의 제도와 '학교라는 시스템'에 맹목적으로 길들여지지 말란 뜻이야. 학교는 규칙을 통해 너희들을 길들이지.

2014년 4월 16일, 기억하니?
'세월호'.
수학여행을 가던 학생들을 비롯해 3백여 명이 사망, 실종된 사건.

배가 기울 때, 승무원은 '가만히' 있으라는 방송을 했고 학생들 다수는 그 말을 믿고 기다렸어. 그런데 이 아이러니를 어쩌면 좋을까… 470여 명의 승객 중 승무원의 말을 따르지 않은 100여 명의 어른과 70여 명의 학생만 배에서 구조되었어. '가만히 있었던' 10대 아이들 250여 명이 차가운 물 속에 수장되었지. 그날 이후, 엄마도 물속에 가라앉은 듯한 시간을 보냈어.

'나의 사진 앞에서 울지 마요,
나는 천 개의 바람이 되어 하늘 위를 자유롭게 날고 있죠[4].'

이 아름다운 가사는 엄마의 눈물 버튼이 되었어. 그 이후 학교가 조금이라도 바뀌기를 바랐는데 그 잔인했던 봄을 보내고도 자유롭고 새로운 학교, 아이들의 본성이 피어나는 학교로 바뀌지는 못한 듯하다.

아이야. 학교는 다수의 학생을 교육하는 곳이고 너희들에게 여전히 '가만히 있기'를 요구할 수밖에 없을지도 몰라. 여전히 해외 언론은 '우리나라의 학생들은 세계에서 가장 불행한 아이들[5]'이라고 평하지.

학교는 책상과 시간표에 너희들을 매어 놓고 길들이지.
'톰 소여나 허클베리 핀, 하면 떠오르는 무모하고 고집 세며 짓궂

---

4 '천 개의 바람이 되어(작시 미상, 작곡 아라이 만)'는 일본에서 최초 발매된 후, 국내에서는 2009년 임형주가 번안 및 개사하여 최초로 발매하였다.
5 경쟁교육은 야만이다, 김누리, 해냄, 2024.

고 지저분한 아이들의 기질을 요즘은 인정하지 않아[6].' 너희 반에 톰 소여나 허클베리 핀이 온다면 어떨까? 산만해서 지적받고 치료가 필요한 아이로 여겨지지 않을까? 엄마 지인 중 한 명의 아이는 영국학교에서 학교를 다니다가 우리나라에 왔더니 질문이 많다며 늘 혼나고 심지어 ADHD 검사를 받아 보라는 이야기를 들었대. 오히려 영국학교에서는 '가만히 있는' 아이를 심각하게 바라본다는데.

톰 소여나 허클베리 핀에게 '과잉행동'이라는 꼬리표 대신 '매우 주도적'이라는 이름표를 붙일 수는 없는 걸까? 학교는 안타깝게도 이제 몸과 마음이 활발한 아이들에게는 견디기 어려운 공간이 된 것 같아.

'좋든 싫든 이 모든 내용을 한꺼번에 머릿속으로 꾸역꾸역 채워 넣어야 했다. 이렇게 강제로 공부한 결과 공부를 단념하고 싶은 마음이 생겨 기말시험을 통과하고 나서는 일 년 내내 과학에 관련된 문제는 무엇이든지 지긋지긋하고 쳐다보기도 싫었다[7].'

이건 아인슈타인이 쓴 일기야. **학교는 '시험'이라는 평가를 통해서도 너희들을 길들여.** 그 대단한 천재 과학자도 시험은 싫었나

---

6 길들여지는 아이들, 크리스메르코글리아노, 민들레, 2014.
7 길들여지는 아이들, 크리스메르코글리아노, 민들레, 2014.

봐. 너도 초등학교 때 "엄마, 점수 매긴다고 생각하면 갑자기 재미가 없어져"라고 얘기한 적이 있어. 평가는 너희들의 재미를 빼앗아. 평가 후 이루어지는 상장이나 벌점 같은 보상과 처벌도 너희들을 길들이지. 가장 무서운 건 친구를 경쟁자로 대하게 하고 학교를 전쟁터로 여기게 만든다는 거야.

'경쟁은 근본적으로 인간적인 교육에 반하는 원리로서
인간적인 교육은 결코
경쟁 본능을 강화하는 방향으로 나아가지 않는다[8].'

학교만이 아니야. 대학생이나 사회인들도 마찬가지일 거야. 어떤 조직이든, 제도 아래 조직의 규칙과 규율이 있어. 너를 길들이는 규율은 제도에 의해 만들어진 것이야. 그 시스템들을 개인이 바꾸기는 어렵지. 그럼에도 엄마가 이렇게 이야기하는 이유는, 알고서 적절하게 수용하는 것과 모른 채 끌려가는 것은 다르니까. 시스템을 볼 수 있는 눈이 생기면, 따라야 할 것과 그러지 말아야 할 것들을 구별할 수도 있고 따를지 말지를 선택할 수도 있어. 그러면 그로 인해 벌어진 상황이나 사람을 원망하고 미워하지 않을 수 있단다. 너의 탓도 줄어들 거야. 알고 나면 비록 몸은 시스템에 매여 있지만 너의 정신만큼은 길들여지지 않을 수 있단다. 아이야. 톰 소여가 되어도 좋고 말괄량이 삐삐가 되어도 괜찮다.

---

[8] 성숙을 위한 교육, 테오도어 W. 아도르노, 문음사, 2021.

셋째, **세상의 관습에 길들여지지 마라.**

세상에는 거대해서 보이지 않는 구조와 제도, 공기처럼 스며들어 있어 알아차리기 어려운 관습과 문화가 많단다. 무슨 나쁜 의도는 없지만 자신이 속한 사회의 관습, 문화적 영향력은 강력하고 피하기가 어려워. 그럼에도 세상 사람들이 사는 대로 살지 않아도 된단다. 모두가, 그래도 된다는 걸 알지만, 한편으로는 너무 어렵지. 아이야. 많은 것 중 남들을 따라가지 않아도 되는 것, 어쩌면 너를 착각에 빠뜨리기 쉬운 관습의 덫, 몇 가지를 꼭 얘기해 주고 싶어.

무엇보다도 **'착한 아이'라는 칭찬에 길들여지지 마라.**
엄마는 '착하다'는 말이 칭찬인 줄 알고 어린 시절을 보냈어. 그런데 다행히도 16살 때 할아버지가 엄마의 꿈을 가차 없이 꺾어 주셨기에 부모의 칭찬, 세상의 칭찬 감옥으로부터 서서히 빠져나올 수 있었어. 일부러 그런 건 아닌데 엄마가 원하는 것이 부모님이 원하는 것과 너무나 달랐어. 엄마가 고등학교 2학년, 부모님 입장에서는 한창 입시 공부해야 할 시기라고 생각했던 그 때, 엄마는 전국으로 순회공연을 다니는 특별한 합창단에 들어갔어. 학교생활의 중심이 합창단이어서, 노래 연습하고 팀워크를 맞추는 일정이 매일 꽉 차 있었지. 엄마에게는 특별한 경험이었지만, 부모님은 한창 공부해야 할 때 '헛짓'한다고 하셨지. 부모님이 원하는 대로 대학에 진학해서도 같은 일은 반복되었어. 엄마는 공부나 출

세가 아니라 더 큰 꿈이 있었거든. 엄마는 부모가 바라는 착한 아이가 될 수 없었어.

그런데 '착한 아이'라는 말을 듣지 못하게 되자 어른들이 어떤 아이를 '착하다'고 칭찬하는지 보이기 시작했어. 원치 않지만 억지로 양보했을 때, 부모가 기대하는 맏이의 역할을 해낼 때, 좋은 성적과 같은 우수한 성과를 거뒀을 때. 이렇게 착하다는 칭찬은 어른들의 말과 기대에 따를 때 주어지는 것이더라고. 그러니 착한 아이라는 칭찬에 귀를 열지 않길 바란다.

아이야. '나이 각본'에 길들여지지 마라.
네가 초등학교 4학년 때, 처음으로 피아노 학원에 보내달라고 했어. 엄마는 네 마음이 진짜인지 알고 싶어 몇 개월을 더 기다리게 한 후에야 학원에 데려갔지. "왜 이렇게 늦게 오셨어요? 다른 아이들은 초등학교 저학년 때 피아노 배우고 고학년이 되면 영어, 수학때문에 그만두는데, 이제야 오셨네요?" 선생님은 엄마와 너를 특이하게 보았어. 우리는 세상의 흐름과는 맞지 않았을지도 몰라. 그렇게 시작해서 너는 피아노 학원에 다니는 '유일한 중학생'이 되었지.

학생이면 공부해야 하고, 스무 살 되면 대학 가야 한다? 대학 졸업하면 취업해야 하고, 취업하면 결혼해야 한다? 그런 공식은 깨졌어. 시대가 바뀌어서? 아니, 그런 규칙은 애초에 없었어. 교과서에도 없고 법으로 정한 적도 없지. 그런데도 사람들은 그런 것을 바쁘게, 착실히 따라가고 있어. 나이와 시기에 따라 해야만 하는 일은 아무것도 없는데.

그러니 아이야.
'나이 각본'은 버리고 '자기 각본'을 따라 살아라.
'나잇값' 하지 말고 '자기값'을 해라.

'자기값'을 한다는 건 태어날 때부터 가진 나만의 유일한 본성, 고유성에 따라 산다는 뜻이란다. 고유성을 따른다는 것은 인생이라는 마라톤을 나만의 방향으로, 나만의 속도로 뛴다는 뜻이고. 뛰는 방향이 모두 다르니 일등도, 꼴등도 매길 수가 없다는 의미야. 그러니 나이 따라 살지 말아라. '자기 각본'을 따라 '자기값'을 한다는 건 남들 따라 사는 게 아니라 '자기 자신'으로 사는 것이란다. 개나리가 봄에 피었다고 코스모스가 봄에 필 이유는 없지. '너 자신'으로 살다가 '너의 때'가 오면 '너만의 꽃'을 피우면 된단다.

마지막으로,
가장 길들여지지 말아야 할 중요한 한 가지를 얘기하려 해.
어제의 너에게 길들여지지 마라.

어제의 너는 오늘의 너를 위한 밑그림이지, 완성된 그림이 아니란다. 어제의 실수, 어제의 선택, 어제의 습관이 오늘의 너를 계속 붙잡고 있다면, 너는 너 자신을 새롭게 그릴 기회를 놓치게 되는 거야. 사회의 관습에 길들여지지 않듯이 너의 관성에 길들여지지 않기를 바란다. 어제는 참고서이지, 교과서가 아니란다. 실수했더라도, 마음이 약해졌더라도, 무엇을 해내지 못했더라도 괜찮아.

오늘의 너는 또 다른 너니까,
새로운 너니까,
다시 할 수 있고 무엇이든 새롭게 시작할 수 있어.

그러니 아이야,
어제의 너에게 길들여지지 말고 오늘의 너를 믿어 봐.
그렇게 하루하루를 맞이해 봐.

"내일은 내일의 태양이 떠오를 거야." 엄마가 어릴 때 보았던 영화 '바람과 함께 사라지다[9]'의 마지막 대사야. 주인공 스칼렛 오하라는 사랑하는 사람들이 모두 떠난 절망적인 상황에서 이렇게 말하지. 아이야. 아침에 눈 뜨면 어제의 나를 벗고 오늘의 나를 입으면 어떨까. 오늘 맞이하는 날은 새로운 날이잖아. 어제의 네가 오늘의 너를 붙잡으려 하면 마음속으로 한 번 외쳐 봐. **'오늘은 오**

---

9 바람과 함께 사라지다(Gone with the Wind), 빅터 플래밍 감독, 1939.

늘의 태양이 떠오른다'고 말이야. 아이야. 부디 어제의 너에게 길들여지지 말고 오늘의 너로 다시 태어나렴. 그렇게 매일매일 새로운 너를 창조하렴.

아이야. 너를 길들이려는 세상의 관습과 고정관념은 참으로 많단다. 우열의 이분법, 공정하다는 착각, 경제적 지위에 따른 서열, 인종에 따른 차별, 성별 고정관념, 공적-사적 미디어가 알고리즘에 따라 발신하는 오류들까지. 모든 것들이 여전히 널 길들이는 중이지. 부모도, 학교도, 사회도, 세상도 수많은 잣대를 들이대며 널 길들이지.

세상이, 세상의 어른들이 너를 자유롭게 해주고 고유성을 찾도록 도와주면 좋을 텐데, 안타깝게도 어른들은 때로는 아이들보다도 진짜 중요한 게 무엇인지 모를 때가 많단다.

어릴 때 읽은 '어린 왕자' 기억하지? '어른들도 처음에는 다 어린이였는데, 그것을 기억하는 어른이 별로 없어서[10]' 그래. 그러니 고정관념에 사로잡힌 어른들을 만나면 '어린 시절을 잊어버렸구나'하고 이해해 주면 고맙겠다. 그리고 너는 너대로, 너의 고유성을 따라 너의 길을 가기를 바란단다.

---

10 어린 왕자, 앙투안드생텍쥐페리, 열린책들, 2015.

너라는 '지구'에는,
너의 깊은 심연에는,
결코 길들여질 수 없는,
'야생의 아마존'이 감추어져 있단다.

남아메리카 대륙의 아마존 알지? 그곳은 지구 넓이의 약 1%밖에 되지 않지만, 지구 산소의 20%를 만들어내지. 지구 생물종 중 자그마치 1/3이 여기에 살고 있어. 그래서 아마존은 '지구의 허파'라고 불려.

네 내면의 깊은 곳에도 허파와 같이 펄떡펄떡 살아 숨 쉬는,
부모도, 학교도, 세상도 알려주지 않는 본성적인 야생의,
1%일지라도 너라는 지구를 살아 숨 쉬게 하는,
네가 이미 가지고 태어난,
그 누구와도 다른 유일무이한,
너에게는 바로 그것이 있단다.

고.유.성.

한 학자는 이것을 '내면의 야성(inner wildness)'이라 했어. '스스로 되고자 하는 존재로 성장하도록 에너지와 힘을 주는 불꽃[11].'

---

11 길들여지는 아이들, 크리스 메르코글리아노, 민들레, 2024.

1%밖에 되지 않는 아마존이 생물과 자연과 지구 자체를 살아 숨 쉬게 하듯이, 네 안의 '아마존'이 너를 살아 숨 쉬게 해줄 거야. 이제 스무 살. 남들은 세상을 향해 나아갈 시기라고들 해. 그런데 진짜 중요한 건 자기 자신을 향해 나아가는 거야. 그것이 너를 '진짜 너'로 만들어 줄 수 있으니까.

아이야. 그러니
너에게 본유(本有)된, 너만의 고유성,
네 안의 '아마존'을 찾아 마음껏 탐험을 떠나렴!

아마존! 상상만으로도 긴장되고 흥분되지?
하지만 그 전에 엄마는 네가 어떤 존재인지 꼭 얘기해 주고 싶어. 네가 스무 살이 되기 직전, 한 해의 마지막 날. 엄마는 낯선 마음과 벅찬 마음이 뒤엉킨 밤을 맞이했어. 품 안에 있던 아이가 한발을 떼더니 드디어 성인이 되던 그 날, 엄마는 생각했어.

'이제 온전히 스스로 만들어가는 새로운 시간의 출발선에 서 있구나. 소중하고 거대했던 하나의 순환이 마무리되고 새로운 순환이 시작되는구나.'

엄마가 15년 전부터 냉장고에 붙여 놓았던 시를 다시 읽었어. 그때 엄마는 너와 같은 '4살의 엄마'였어. 아직 어린 엄마라서 네가 어떤 존재인지 몰랐고 어떻게 키워야 할지도 몰랐는데, 어느 날 이 시가 섬광처럼 다가왔어. 그때 너는 미래에서 온 존재라는 걸 깨달았지. 엄마는 경험조차 해 보지 못할 세상을 넌 살게 될 것이고, 그러니 과거에서 온 엄마가 널 가르친다는 건 말이 되지 않겠구나를 불현듯 알게 되었지:

내 아이를 위해서 내가 해야 할 유일한 것은
내가 먼저 잘 사는 것,
내 삶을 똑바로 사는 것이었다.
유일한 자신의 삶조차 자기답게 살아가지 못한 자가
미래에서 온 아이의 삶을 함부로 손대려 하는 건
결코 해서는 안 될 월권행위이기에

나는 아이에게 좋은 부모가 되고자 안달하기보다
먼저 한 사람의 좋은 벗이 되고
닮고 싶은 인생의 선배가 되고
행여 내가 후진 존재가 되지 않도록
아이에게 끊임없이 배워가는 것이었다[12].

---

12 그러니 그대 사라지지 말아라, 박노해, 느린걸음, 2010, '부모로서 해줄 단 세 가지'에서 발췌.

단 하나의 씨앗만 잉태시킨 자가
어찌 하나의 씨앗을 크고 웅장한 나무로 키울까...
단 하나의 꽃만 열어본 자가
어찌 다채로운 색과 은은한 향기를 품은 꽃을 영글게 할까...
단 하나의 삶밖에 살아보지 못한 자가
어찌 새로운 생을 다채롭고 아름다운 삶으로 이끌까...

네가 엄마에게서 나온 씨앗이니 엄마 정도일 거라고 한계를 두어선 안 되지. 아이야. 그래서 엄마는 너에게 가르칠 것이 없었어. 너는 엄마의 딸, 아들로 살려고 이 세상에 온 것이 아니니까. 너는 부모에게 속한 존재가 아니니까. 아이야. **세상에는 단 하나의 삶만을 살아보고서 마치 세상을 다 아는 듯 말하는 어른들이 많지만, 그들을 따르지 않아도 된단다.** 너 자체로서 너는 너의 삶을 이끌면 된단다. 그렇게 너는 엄마와는 전혀 다른 온전한 존재로 살아가면 된단다.

보호막으로 싸여 있다가 보호막이 없는 곳으로,
36.5도의 따뜻한 뱃속에서 25도의 차가운 공간으로,
물속에 떠 있던 가벼운 몸은 갑자기 50배 무거워진 중력속으로[13],
탯줄의 호흡은 폐의 호흡으로,
드디어 너는 그 누구도 가르쳐주지 않은,

---

13 당신은 당신 아이의 첫 번째 선생님입니다., 라히마볼드윈댄시, 정인출판사, 2010에서 요약, 발췌하였다.

첫 호흡을 스스로 해냈단다.

아이야.
아기가 자신을 둘러싸고 있던 하나의 세계를 부수고
차원이 다른 세상으로 탄생하는
이 신비로움을 어떻게 설명할 수 있을까.

생명.
신이 주셨든 자연의 섭리든, 또 알지 못하는 어떤 신비든
인간의 능력으로 할 수 있는 일이 아닌 영역이 분명해.
그래서 엄마는 믿지 않을 수가 없어.
네가 이미 하나의 세계이자 하나의 우주라는 걸.
네가 이미 모든 것을 가진 존재라는 걸.
네 안에 내재된 생명력,
네가 가지고 태어난 힘과 에너지.
그런 것들을 너 스스로 믿기를 바란다.
엄마는 그것을 너무도 강력하게 믿거든.

너는 순간순간 매일매일 스스로 성장을 거듭하는 위대한 존재였어. 이 과정을 지켜본 세상의 엄마들은 아이가 날 때부터 얼마나 위대한 존재인지 본능으로 안단다. 그러니 **너는 태어난 첫날부터 너의 폐로 스스로 호흡했다는 것을 기억해. 너의 심장은 스스로**

뛴다는 것을 잊지 마.
그렇게 온전한 존재로서의 너.
너는 어떤 사람이 되고 싶니?
어떤 사람이 되어야 할까?

네 우주는 네게 어떤 삶을 말하니?
네 '아마존'은 네게 어떻게 살라고 소리치니?

어느 날, 네가 양치하지 않고 늑장을 부릴 때 엄마는 빨리 하루일과를 마치고 싶어 "밤이 됐는데 양치도 안 하고, 그러면 미운 사람이야!"라고 했지. 너는 칫솔을 들고 엄마에게 '메롱'을 날리며 말했어. "엄마! 나는 그렇게 미운 사람 아니거든!" 맞아. 그 말이 맞아, 아이야. 누가 너에게 뭐라든 네가 너를 미워하지 않으면 된단다. 너는 다른 사람 마음에 들려고 하지 않아도 되는 거야. **엄마는 네가 오직 네 마음에 드는 사람이 되었으면 좋겠어. 너는 너부터 사랑하여 오로지 너 자신으로 충만한 사랑을 품은 네가 된다면 그걸로 충분하단다.**

그러니 **아이야. 사과하지 마라.** 너의 실수나 잘못된 행동은 가능한 한 빨리 사과하는 게 좋지만, 너의 존재는 그 누구에게도 사과하지 마라. 그게 너니까. 너는 너라는 유일한 존재이고, 존재만으로도 충분히 가치 있으니까.

아이야. 어릴 때 넌 많은 시간을 야외에서 보냈어. 비가 와도 눈이 와도 해가 뜨거워도 매일 나들이를 다니며 햇빛의 온도, 바람의 결, 계절에 따라 달라지는 온도와 습도를 직접 느꼈어. 주말이면 야생 캠핑으로, 밤과 잣을 줍고 다람쥐도 만났어. 뜨거운 방파제 아래 몇 시간을 마음 졸이며 기다리다가 결국 돌고래가 나타났을 때 우린 얼싸안고 환호했지. 한겨울 아침 눈 쌓인 휴양림을 걷다가 생각보다 많은 동물의 발자국을 보고 깜짝 놀라기도 했고 섬에서 캠핑하는 깜깜한 밤, 우린 더더욱 어두운 곳을 찾아 별자리도 찾아냈어. **자연은 너의 감각을 불러일으키며 매번 경탄할 만한 선물을 준다는 것을 온몸에 새겨넣었지. 자연 속에서 육감을 동원해, 보고 듣고 느끼는 시간은 어른이 된 네게도 너를 찾는 여정에 큰 동반자가 되어줄 거야.**

아이야. 탐험을 어떻게 하는 것인지 찾지 않아도 돼. 우리가 자연 속에서 했던 것들이 바로 '탐험'이었으니까. 바람이 많이 부는 날, 억수같이 비가 오는 날, 비를 맞으며 비를 피하며 텐트를 치고 걷고 무너진 텐트를 세우곤 했지. 작은 섬으로 들어갔는데, 가는 곳마다 '야영 금지' 팻말이 붙어 있어 텐트를 칠 곳이 없던 날, 동네 사람들에게 물어물어 풀이 자라있던 한 폐가의 마당에 텐트를 쳤던 그 날, 기억나지? "엄마, 우리 꼭 탐험 떠나온 것 같아!" 엄마와 단둘이 산속 휴양림을 찾아가는 길. 그 날따라 짙은 안개에 10m 앞도 보이지 않고 차라고는 한 대도 없어 이 좁은 길이 맞나, 잔뜩 긴장한 채 운전하는 엄마 옆에서도 너는 말했어. "엄마, 마법 속으로 들어가는 해리포터가 된 것 같아!" 그때 엄마는 세상 경험이 많은 엄마보다 네가 훨씬 강하다는 걸 느꼈어. **세상의 위험과 해결책들을 많이 아는 것보다 자신의 마음을 따라가면 두려움이 없다는 것을, 그렇게 세상을 탐험하는 법**을 엄마는 너를 보면서 배웠단다.

그러니 아이야. 살면서 내내 우리 자신을 탐험하자. 그 어떤 탐험보다도 깊은 의미를 발견할 수 있을 거야. 그 어떤 여행보다도 가치 있을 거야. 세상 그 누구도 길들일 수 없는 '야생의 아마존'이 네 안에서 살아 숨 쉬고 있다는 것을 기억해.

**아무도 길들일 수 없는,
길들여서는 안되는 너를,
오직 너만이
길들일 수 있고 길들여야 한단다.**

'영혼은 야생동물과 같아서
거칠고 활달하며 노련하고 자립적이지만
동시에 매우 수줍음을 탄다.
야생동물을 보려면 숲에 들어갈 때
절대로 요란한 소리를 내며 나오라고 불러대어선 안 된다.

오히려 살금살금 걸어 들어가서
한두 시간 정도 나무 밑에 앉아 조용히 기다려야 한다.
그때 우리가 기다리던 동물이 모습을 나타내고
그토록 보고 싶어 하던 야생의 모습을 만날 수 있게 된다[14].'

햇빛과 바람, 온도와 습도, 절기와 계절, 식물과 동물,
자연이 주는 선물을 늘 가까이에서 느끼렴.
깊은 숲속에서 야생동물을 기다리듯
너 자신을 관찰하고 바라보렴.

그것이
네 안의 아마존,
너만의 고유한 불꽃,
너의 내면에 숨어 있는 야성,
너의 고유성을 찾아가는 길을 안내할 거야.

너에 대한 수많은 질문을 껴안고 있을 아이야.
이제 어른이 된, 사랑하는 아이야.
그 풍성한 질문들을 배낭에 넣고 네가 원하는 방향으로
'너만의 아마존'을 찾아 떠나렴.

---

14 삶이 내게 말을 걸어올 때, 파커 J. 파머, 한문화, 2020.

널 분출시킬 필연적 낭비

아이야.
땀 뻘뻘 흘리며 농구하다가 심한 갈증에 물을 찾은 적 있었지?
어쩌다 종일 밥때를 놓치고 배고프다고 소리친 적 있었잖아.
수험생활을 마치고 갑작스러운 여유에 방황한 적도 있었고.

심하게 갈증이 난 건 농구에 온 힘을 썼기 때문이고, 온종일 먹지 못한 건 무언가에 초집중했기 때문이고, 갑작스러운 방황은 무작정 달려왔기 때문일 거야. 살면서 우린 온 힘을 다해서 달려. 치열하게 경쟁하지.

최대한의 힘, 최대한의 집중, 최대한의 속도로 말이야.

그런데 여기서!
현상을 반대로 바라보면 어떨까?

최대한 힘을 내려면 그 힘만큼 빼놓아야 하고,
최대한 집중하려면 그 강도만큼 포기해야 하고,
최대한 속도를 내려면 그 시간만큼 멈추어야 하거든.
오르기 위해서는 반드시 내려가야 하지.
내리막 없이는 오르막이 없고, 오르막 없이는 내리막이 없어.

그런데 왜 사회는, 어른들은, 우리는... 오르막만 좋다고, 잘한다고, 가야 한다고 생각할까? 왜 서로에게, 내리막도 괜찮다고, 잘했다고, 필요하다고 말해주지 않는 걸까?

그러고 보니, 내리막이라는 세 글자는 좋지 않은 느낌부터 떠오르지 않니? 떨어지다, 작아지다, 줄어들다 아니면, 고통, 좌절, 실패처럼 느껴져. 아마도 선입견이 가쁜하고 빠르게 밑그림으로 존재하고 있었나 봐.

과연, 내리막은 부정적이고 소극적일까?
정체되는 순간은 바람직하지 않은 걸까?

네가 시험공부 하느라 일 년 동안 돈 벌 기회가 지연되었다면, 러

닝 실력이 나아지지 않고 달리기 페이스가 정체되었다면, 행동가치를 우선했으나 손해가 따랐고, 창업에 열정으로 도전했지만 투자에 매번 실패했다면, 사랑하는 사람을 기다리다 긴 시간 방황했다면! 이러한 지연, 정체, 손해, 실패, 좌절은 잘못된 일일까? 엄마는 목표와 도전 그리고 꿈마저도 겨루어야 하는 모진 사회에서, **비효율적이고, 비합리적이고, 비굴해지고, 비참해지는 시간도 꼭 필요**하다고 생각해. 이런 계기가 있어야만 더 잘 오를 수 있다고 믿거든.

내려갈 수밖에 없음을 모른척할 수 있어.
내리막의 함정에서 분출되는 감정을 다루기 힘들 수 있고,
예측할 수 없어서 겁에 질리고 불안할 수도 있지.

하지만, 내리막길은 너의 인생에서 꼭 거쳐야 할 과정이라고 말해주고 싶어. 아니, 모두의 인생에서 필요한 단계지. 문제는 외면하거나 부정하는 것이 아니라 잘 내려가야 하는 것이야. 그렇게만 된다면 '내리막'의 진정한 면모를 발견하게 될 거야.

내리막은 '전체의 힘'을 키우는 과정이야.
내리막을 제대로 잘 내려가면
점진적인 힘,

지속적인 힘,
그래서 영속적인 힘을 키워낼 수 있어!

우리는 익히 알고 있어. 생각의 모래성을 깊이 파고 파고 또 파서 내려갔을 때, 긍정적인 창발(創發)을 이루어 낸 이야기 말이야. 순금과 그렇지 않은 금속을 구분하는 문제를 두고 뜨거운 물에 온몸을 담근 고뇌와 절망의 순간! '유레카'를 외친, 아르키메데스. 고뇌와 절망이라는 내리막에서 그는 남다른 접근법을 찾아냈어. 다른 관점을 발견한 것이지!

그 힘, 우리는 '**감(感)**'이라고 부르잖아.
즉각적인, 섬광과 같은 영혼의 에너지로 다가오는 직관!

감이 생기면 오르기 위한 힘이 키워지고, 힘이 키워지면 더 큰 에너지의 '감', 확신을 얻게 되는 것이지. 결론적으로, 너 자신에 대한 믿음은 내리막의 바닥까지 갔을 때, 처절한 그 순간 섬광 같은 '감'으로 촉발돼. 그때 생기는 힘.

결국, 오를 수 있는 '힘'은 **'감이라는 엔진의 추진력'**과 같아.
마치 진공 상태인 고공(高空)으로 쏘아 올린 '로켓 엔진'처럼 말이야.

성장할래, 퇴보할래
성공할래, 실패할래
성숙할래, 미숙할래

세 가지 질문에 후자를 택하는 사람은 아무도 없어. 바닥을 부러 경험하고 싶은 사람은 많지 않아. 하지만, 바닥에 놓인 사람은 본능적으로 오르고 싶은 마음이 솟구치지. 어쩌면, '바닥은 자유로운 본래의 자기로 귀환[1]'하는 것일지도 몰라. 영혼의 에너지로 감을 키워나갈 수 있는 절호의 기회인 것이지.

> '크지도 작지도 않은 위험에는
> 두려움 이외에는 아무 것도 없다[2].'

태풍을 만난 경험이 있다면, 비바람을 마주친 적 있다면, 네가 겁쟁이가 아니라면 너는 분명 무엇으로 막아야 하는지, 어떻게 피해야 하는지, 언제 지나가야 하는지 '때'를 알게 돼. 내리막길에 익숙해질수록 너는 '결과를 주무르기보다 원인을 바꾸기[3]' 위한 감이 끓어오를 거야. 이렇게 순간적인 '감'은 '힘'을 잉태시키지. 상승과 확장의 힘을 가진 태풍으로 말이야.

---

1 고독의 권유, 장석주, 다산책방, 2012.
2 레츠 추기경의 말을 애덤 스미스가 인용(도덕 감정론, 애덤스미스, 비봉출판사, 2009).
3 엄마의 유산, 김주원, 건율원, 2024.

태풍을 떠올리면 너는 어떤 그림이 그려지니? 태풍의 한가운데는 '태풍의 눈'이 있는 걸 알고 있지? 맑고 고요한 상태로 말이야. 눈은 밤낮으로 힘을 키우기 시작해. 구름 띠를 만들고 '위'와 '바깥'을 향해 넓어지면서, 소용돌이를 만들어내지. 바닥, 아래, 안으로부터의 힘은 튼튼한 뿌리를 가진 나무를 멀리 던져버릴 만큼 강력하지. 익히 알고 있는 예가 있어. 들판의 집이 순식간에 휩쓸려간 이야기 말이야. 허수아비, 토토, 양철 나무꾼, 사자와 함께 마법사 오즈를 찾아간 '은 구두'의 주인공, 도로시가 나오는 영화.

문제의 핵심을 찾아야 할 때,
현상의 시작을 추론해야 할 때,
사태의 근원을 알고 싶을 때,
우리는 점진적인 내부의 힘을 발휘하게 돼.
힘이 생기면서 오르는 데 쓰일 감이 키워지고,
그 영향력으로 더 큰 힘을 얻게 되는 것이지.

그러니, '힘'은 **감이라는 회전 날개의 원심력**과 같아.
마치 헬리콥터를 상공(上空)으로 띄우는 '프로펠러'처럼 말이야.

내리막에서 위축되면 좀 어때.
활개를 치려면 힘을 비축해야 하잖아.
바닥에 머물러 감정이 침체하면 좀 어때.

널 분출시킬 필연적 낭비

오기로 힘을 진작시키면 되잖아.
기가 죽어서 힘이 쇠하면 좀 어때.
기세로 힘을 뻗어나가면 되잖아.

궁지에 몰려보지 않은 사람은 거의 없어. 하지만, 바닥으로 떨어지면 누구나 오르고 싶은 마음을 품게 되거든. 어쩌면, 가장 낮은 자리로 흘러 세상을 적시는 물의 태도와 같아. 이미 자신의 본질을 깨닫고 자유로워지는 상태가 되는 것이야. 점진적인 내부의 지속력을 키워나갈 수 있는 절호의 기회인 것이지.

성장하려면
바닥으로부터, 아래로부터, 안으로부터의 힘이 필요해.
바닥부터 출발하면,
아래서부터 걷다 보면,
안에서부터 쌓다 보면 틀림없이 굳건히 다져지고, 그만큼 치고 올라갈 수 있어. 높은 데까지 다다를 수 있고, 힘을 발휘할 수 있는 내공을 얻게 돼. 네가 믿고 있는 바, 축적된 능력을 발휘할 수 있으리라 확신해.

그럼, 내리막길은 어떻게 해야 잘 내려갈 수 있을까.
방법은 세 가지야.

첫째, '**힘을 빼야 해.**'

아이야, 너는 '돼지가 하늘을 나는 방법[4]'을 알고 있니? 땅에 사는 무거운 돼지를 어떻게 하면 날게 할 수 있을지 생각해 봐. 그건 육중한 몸을 태풍에 맡기는 것이야. 막을 수 없고 피할 수 없지만, 태풍에 올라탈 더할 나위 없는 기회거든. 그런데, 태풍이 불어도 못 나는 돼지가 있다! 날기 직전에 힘을 잔뜩 주고 겁먹은 돼지야. 제대로 날려면 힘을 빼고 몸을 맡겨야 해. 돼지뿐 아니라 사람도 똑같아. 풍랑이 몰아칠 때, 배에 서 있던 선원은 몸에 힘을 풀어야 해. 그렇지 않으면 허리가 부러지지. 내리막으로 미끄러질 때, 현실적인 대안은 고통에 몸을 맡기는 것이야.

놀라운 사실은 너도 고통에 몸을 맡겼던 적이 있단다. 엄마 뱃속에서 '9개월 살기'를 끝내고 자궁의 내리막길을 지났던 적 있잖아. 알려주지 않았는데도 힘을 풀고 현실에 몸을 맡겼어. 머리를 아래로 돌리면서 말이야. 오롯이 혼자 맞닥뜨리며, 방법을 터득했던 것이지. 너의 DNA는 그 내리막의 위력을, 그리고 그 내리막을 네 혼자 힘으로 버텨낸 위력까지 생생하게 기억할 거야.

둘째, '**빈 곳에 얽매여봐야 해.**'

엄마가 질문 하나 할게. 온실에서 곱게 자라 스스로 결정해본 적 없는 아이와 스스로 결정해 본 아이 중에 삶의 모험 앞에서 버텨

---

4 레이쥔 중국 샤오미 초대 회장, 태풍의 길목에 서면 돼지도 날 수 있다.

내는 아이는 누구일까? 선택의 갈림길에서 아무 힘도 써보지 않은 아이는 자기 삶을 포기한 것이나 마찬가지야. 삶은 '선택'으로 연속되는데 혼자 힘으로 선택 해보지 않았다는 것은 스스로의 삶을 살지 않았다는 것이잖아. 그러니까 자기 삶이 정체이거나 남의 삶을 산 것이지. 하지만 문제에 스스로 얽매여 본 아이는 달라. 자신의 에너지를 100% 써보았을 확률이 높아.

아이야. 선택해 본 경험으로부터, 필요와 이익과 성과가 없으면 어때? 아무것도 얻을 게 없을지라도 얽매여보는 것이 중요해. 빈 곳에 얽매여보렴. 필요 없고, 이익 없고, 의미 있는 성과조차 보이지 않지만, 빨판처럼 내리막에 달라붙어 봐. 그렇다면, 제대로 맞닥뜨릴 수 있어. 너의 '감'을 믿고 내리막에 동화되어 보렴.

'사태를 겪어봄으로써 오히려 안전하게 너를 보호하고, 난관과 장애를 경험함으로써 오히려 극복의 힘을 키워 한계를 넘을 수 있고, 기울이고 미끄러져 보면서 오히려 균형[5]'을 잡아가는 거야. 오르기 위해 존재할 수밖에 없는 삶의 '필연적'인 내리막에서, 감정의 얼룩을 느껴보고, 관점의 격차를 겪어도 보고, 심리적 굴곡에서 헤매도 보는 거야. 그때야말로 빨판처럼 강력한 힘을 얻을 수 있어. 내리막에 융화되어 유연하게 대처해 나갈 수 있지.

---

5 엄마의 유산, 김주원, 건율원, 2024.

셋째, **'바닥에서 시작하는 거야.'**

아이야, 국어시험을 보았던 날, 너는 점수가 떨어졌다고 불평했었지. 엄마는 몰랐던 것을 아는 것에 만족하면 어떻겠냐고 했어. 엄마가 그때 못한 말이 있거든. 이왕이면, 빵점을 맞아보라는 말이었어. 빵점을 맞으면 어때. '아래로 떨어지는 공이 다시 위로 튀어 오르려면 바닥이라는 저항을 필요[6]'로 하잖니. 떨어질 때 제대로 떨어져 보는 것이야. 떨어지지 않으려고 애쓰는 에너지를, 떨어졌을 때 회복하는 에너지로 써보는 것이지. 빵점의 바닥에서, 새로 시작하는 힘을 얻으면 되잖아. 바닥으로 내려가면 올라갈 일만 남거든. 넘어지고 쓰러져봐야 일어나는 법을 배우는 거야. '시험'이라는 평균대를 걷다가 '취업'이라는 뜀틀을 넘다가 '인생'이라는 달리기를 하다가 넘어지는 것은 당연해. 비틀거리고 쓰러지는 것은 분명해.

> '다른 사람과의 경쟁에서 불리하게 시작되었지만
> 나는 단지 뒤로 물러서서 숨을 고르고 있다.
> 나의 시간 속에는
> 무섭고 위협적인 것이 들어있을 것이다[7].'

넌 실패하지 않고도 손해 보지 않고도 험한 길을 걷지 않고도 성취

---

6 몸은 알고 있다, 뤼디거달케, 이지엔, 2009.
7 인간적인 너무나 인간적인, 프리드리히니체, 책세상, 2001.

할 수 있을 거라 반문하겠지? 이쯤에서 우리 역사 속으로 들어가 볼까? 힘든 어린 시절을 보냈던 성장, 성공, 성숙한 주인공들의 이야기를 들어보렴. 지진아로 여겨졌지만, 과학사에 획을 그은 에디슨[8]과 아버지에게 도전정신을 무시당했지만, 우주기업을 세운 일론 머스크[9], 그리고 엄마에게 정신적으로 학대받았지만, 천재 조각가가 된 카미유 클로델[10]이 있어. '사물의 크기나 위대함은 그 요구에 비례한다[11]'는 말처럼, 절실할수록 강한 의지가 생기는 법이야. 이것이 '결핍'의 위대함이야.

아이야!
잘 내려갔다면, 그 길의 끝에서는 어떤 자세를 갖춰야 할까.

먼저, **'초심을 갖는 것'**이야.
삶은 덧셈과 뺄셈이 반복되는 과정이야. 건강하고 존경받고 숭배와 추앙까지 이어지는 수많은 삶의 주인공을 봐도 건강, 공부, 돈, 명예 이 모두가 계속 더해진 듯 보이지만, 뺄셈은 어김없이 나타났을 거야. 동물의 숨처럼, 사람의 땀처럼, 지구의 열처럼 빼내야 더해지는 것이 자연의 순리지. 결국 빼봤자 '0'이 돼. 살아가면서 '0'보다 작으면 손해라고 느끼지만 '0'에는 안심해. '0'은 본전이

---

8 에디슨 (Thomas Alva Edison, 1847 ~ 1931) 미국의 발명가.
9 일론 머스크 (Elon Reeve Musk,1971 ~) 미국의 기업인.
10 카미유 클로델 (Camille Rosalie Claudel,1864 ~ 1943) 프랑스의 조각가.
11 아미엘의 일기, 프레데릭아미엘, 범우사, 2003.

라고들 하잖아. '0'은 초심이야, 바닥이야. 보이지 않는다고, 알지 못한다고 포기하거나 외면하지 말고 널 다시 끌어올리기 위해 자리를 굳건히 지키며 기다리는 '초심'의 힘을 믿어보렴.

그리고 **'본성과 본질을 유지하는 것'**이야.

'아는 만큼 보인다[12]'는 말 알지? 앎과 경험이 많을수록 더 많은 것을 이해할 수 있잖아. 위로 오르기 위한 준비는 '0'이라는 본성과 '바닥'이라는 본질에 충실해야 가능하지. 순간의 감정에 출렁이고, 타인의 생각을 맹신하고, 세상의 기준에 정박하려는 것은 본성과 본질을 이해하지 못했기 때문이거든. 태풍의 본성은 기존의 것을 파괴하고, 변화를 가져오는 것이야. 태풍의 본질은 물을 공급하고, 바닷물을 혼합하는 것이야. 혁신과 혁명의 본성 역시 기존 상태를 파괴하고 그 몰락 위에 새로운 시대를 세우기 위함이잖아. 아이야, 겪고 싶지 않은 빵점은 태풍이 일기 직전의 고요함이 아닐까? 어떻게, 왜, 얼마만큼의 힘을 쏟을지, '0'에서 심기일전(心機一轉)[13]해보렴.

끝으로, **'기본을 지키는 것'**이야.

내리막은 '내려놔야 하는 길'이야. 기본의 본(本)을 마음에 새기

---

[12] '사랑하면 알게 되고, 알게 되면 보이나니, 그때 보이는 것은 전과 같지 않으리라'라는 문장으로, 조선 정조 때의 문장가 유한준의 말에서 유래되었다. (나의 문화유산 답사기, 유홍준, 창비, 2011. 책을 통해 알려졌다).
[13] 心機一轉 : 심기(心機)는 마음의 움직임이나 생각을 의미하며, 일전(一轉)은 한 번 바뀐다는 뜻이다. 즉, 마음의 틀이나 방향을 한 번 바꾸어 새롭게 시작하는 것을 의미한다.

렴. 너는 너만의, 너에게 부여된 역할을 해내기 위해 세상에 태어난 것이고, 그 역할에 적합한 삶을 살아야 하는 '기본'을 지켜야 해. 내재된 힘을 발휘해서 세상에 잘 쓰이기로 마음먹으렴. 너의 안, 그 안의 바다, 그 바닥의 한가운데로부터 '끌어올린 결집된 힘'으로 네 역량을 발휘하렴. 내리막을 겪는 건 너를 일으켜 너의 피를 들끓게 하고, 너를 네게 가장 적합한 자리로 세우기 위해, 너의 힘을 온전히 다 써버리게 하는 조짐이야.

아이야, 딱 한 번의 내리막길로 '감'을 알 리 없고,
바닥을 쳐보지 않고는 튀어 오를 힘이 없고,
소용돌이가 일기 전에는 날카롭게 솟구칠 수 없어.
사람은 '필경 자기 자신을 체험할 뿐[14]'이야.

갈증의 내리막에서는 목을 축이고
결식의 내리막에서는 배를 채우고
고통의 내리막에서는 희열을 느끼고,

다시!
축인 목구멍에서 목마름으로[15]
채운 배부름에서 굶주림으로[16]

---

14 차라투스트라는 이렇게 말했다, 프리드리히니체, 민음사, 2000.
15 영혼의 자서전, 니코스카잔차키스, 열린책들, 2009.
16 영혼의 자서전, 니코스카잔차키스, 열린책들, 2009.

충만한 희열에서 고통속으로,

오르기 위해서는 반드시 내려가야 하지.

내리막 없이는 오르막이 없고, 오르막 없이는 내리막은 없단다.

결국, 내리막길은 오름의 길임을 깊이 새기렴.

안락한 삶의 정상에 악마가 있고,

'굶주림과 목마름과 고통의 정상[17]'에 신이 있다면,

너는 어디로 가겠니?

선택은 네가 하는 것이야.

뺄셈은 필수적인 이치이고,

빵점은 필연적인 낭비[18]이고,

빨판은 필사적인 자립이야.

내리막길에서, '분출하는 힘의 압도적인 압력[19]'을 높이렴.

---

17 영혼의 자서전, 니코스카잔차키스, 열린책들, 2009.
18 영혼의 자서전, 니코스카잔차키스, 열린책들, 2009.
19 영혼의 자서전, 니코스카잔차키스, 열린책들, 2009.

대한민국의 새벽에

한강과 마라도 바다 사이
모든 땅과 강과 하늘이
어스름 필 때,
하나 둘 아침을 맞는 빛들을 켠다

기도의 빛을 밝히는 집집마다
가슴의 체온이 스미고
등을 미는 새벽 버스엔
하루의 짐이 빼곡하다

본적도 들은 적도 없는
이름과 얼굴로
만나고 갈리고 헤어져도
우리는 느낄 수 있다

역사의 궤도 어느 사이
깨지고 흩어지고 부서지고
산산이 조각났어도
바닥은 삶의 층위를 만들어 낸다

생에서 삶으로 세대를 향해
삶에서 생활로 자녀를 향해
정신은 흐르고 전해지고 넘겨진다

기도의 빛, 아침의 빛, 어미의 빛

신성한 땅을 짚고
산을 넘고
계곡을 넘어
강을 건너도

이르고 이르는 곳은
너의 곁이고
너의 가슴이다

회오리와 무위

'세일러문', 들어본 적 있니? [달의 요정, 세일러문[1]]. 엄마가 어렸을 때 정말 좋아했던 만화의 주인공이야. '세라'라는 평범한 중학교 3학년 여학생이 어느 날 '루나'라는 신비한 고양이를 만나면서 인생이 완전히 바뀌게 돼. 루나의 도움으로 '세일러문'으로 변신하게 되고, 그때부터 지구의 평화를 지키는 정의의 전사가 되지. "정의의 이름으로 너를 용서하지 않겠다!"라고 외치면서 말이야.

요즘 엄마는 그 만화에서 반복되는 한 장면이 자꾸 떠올라. 세라가 세일러문으로 변신할 때 늘 휘리릭 돌거든. 세일러문을 둥글게 감싸는 회전의 힘이 마치 특별한 '의식'처럼 반복되지. 네가 어릴

---

[1] 일본의 다케우치 나오코가 원작한 만화로, 1990년대에 방영된 마법소녀 애니메이션.

때 좋아했던 [로보카 폴리[2]]나 [시크릿 쥬쥬[3]] 같은 만화에도 그런 장면이 늘 있었잖아, 기억나니?

어느 날, 엄마는 문득 궁금해졌어.
왜 꼭 만화 속 캐릭터들은 회오리 안에서 변신할까?
왜 이런 비슷한 장면이 여러 만화에서 빠지지 않고 나올까?
'변화'를 시각적으로 가장 강렬하고 상징적으로 보여주는 방식이라서가 아닐까?

회오리는 '에너지'가 모이고 방향이 바뀌는 순간을 상징하거든. 회전은 혼란과 질서가 동시에 존재하는 운동이야. 중심은 고요하지만, 그 주위는 빠르게 돌고 있지. 마치 우리의 내면 같지 않니? 겉으로는 평온해 보여도, 속에서는 생각과 감정이 끊임없이 돌고 돌아. 그리고 순간, 한 방향으로 쏟아져 나오지. 그것이 바로 '변신'이자 '성장'이야.

회오리는 일종의 **'경계'를 의미**하기도 해. 이전의 나와 이후의 나 사이, 평범한 일상과 특별한 사명 사이, 어린아이와 어른 사이를 통과하는 문 같은 거야. 그 회오리를 지나야만 캐릭터가 완전히 다른 모습으로 나타날 수 있어. 만화를 만드는 사람들이 이런 장

---

2 2011년부터 EBS에서 방영된 한국 애니메이션, 로봇 구조대가 안전교육을 전하는 내용.
3 2012년부터 영실업에서 만드는 완구인 쥬쥬 인형을 토대로 만든 마법소녀물 3D 애니메이션.

회오리와 무위

면을 반복해서 넣는 건, 우리가 모두 살면서 이와 같은 '통과의례'를 겪는다는 걸 알기 때문일 거야.

우리는 살아가면서 수많은 도전과 시행착오를 겪고, 그것들을 하나씩 넘어서지. 그 과정에서 우리는 더 단단해지고, 넓어지고, 깊어져. 마치 변신할 때 회오리가 점점 더 크고 강하게 퍼져나가듯 말이야. 엄마는 그 회오리가 올더스헉슬리가 말한 '**나선**[4]'을 의미하는 것 같아. **나선형 성장**이란 의미지. 같은 자리에서 맴도는 것 같아도, 사실은 점점 더 넓은 궤적을 그리며 위로, 옆으로 확장되는 것이지.

'나선형 성장'이라는 말이 일상에서는 자주 듣기 어려울 거야. 너한테는 조금 낯설게 들릴 수도 있겠다. 하지만 예술, 자기 계발, 철학, 명상 같은 분야에서는 자주 나오는 표현이야. **삶이 단순히 직선으로 나아가는 게 아니라, 돌고 돌며 점점 더 넓어지고 깊어지고 솟구치는 과정**이라는 걸, 이 '나선'이라는 모양이 잘 보여주거든.

엄마가 이 개념을 처음 알게 된 건 새벽에 책을 읽으면서였어. 평범한 아침이었는데, 그날은 그 단어가 마음 깊이 와닿았어. 오래 전부터 알고 있었지만 표현하지 못했던 감정이 하나의 그림처럼 선명하게 다가왔달까. 그날 아침, 엄마는 곧바로 종이를 꺼내 '나

---

[4] 올더스 헉슬리는 모든 인간의 진화는 영적진화를 향하며 이는 나선모양이라 언급했다.(영원의 철학, 김영사, 2014.)

선형 성장'을 주제로 그림을 그렸어. 그때부터 날마다 그 의미를 직접 느끼며 살아가고 있어. 때로는 울고, 때로는 웃으면서. 그 나선의 흐름 속에서 조금씩 더 깊이, 더 온전히 이 삶을 경험해 가고 있는 거야.

그래서 오늘은, 이 이야기를 너에게 들려주고 싶어. 누군가의 이론이나 책 속 설명이 아닌, 엄마가 직접 겪으며 발견한 엄마만의 이야기로 말이야.

그런데 이야기를 본격적으로 시작하기 전에, 중요한 하나를 짚고 가자. 바로 **'회오리의 속성'**에 대해서야. 이것을 네가 이해하면, 엄마가 왜 이런 이야기를 해주려는지 더 자연스럽게 알게 될 거야.

첫째, 회오리는 **항상 중심에서 바깥으로 퍼지는 운동**을 해. 작은 점에서 시작해 점점 더 넓게, 더 크게 확장되지. 둘째, 회오리는 제자리에서 도는 것이 아니라, **순환하면서도 전진하는 움직임**이야. 되풀이되는 것 같지만, 사실은 나선형으로 한 걸음씩 앞으로 나아가고 있지. 셋째, 회오리는 끌어당기는 힘과 밀어내는 힘의 균형 속에서 만들어져. **중심으로 응축되는 구심력과 바깥으로 퍼지는 원심력이 조화**를 이루는 거야. 넷째, 회오리는 겉으로는 혼란스러워 보여도, **그 안엔 보이지 않는 질서와 구조**가 있어. 자연 속 회오리들이 피보나치수열[5] 같은 수학적 패턴을 따른다는 걸 들어봤니? 다섯째, 회오리는 하나의 힘이 아니라, **다양한 요소들이 맞물려 만들어진 전체의 하나된 움직임**이야. 중력, 바람, 물처럼 여러 요소가 서로 얽혀서 회오리를 만들어내지.

이런 이유로, 엄마는 **인생에서 성장하려면 이러한 속성을 가진 회오리가 최소한 5개는 필요하다고 생각해.** 하지만 이 5번의 회오리는 단순히 반복되는 경험이 아니야. 각각의 회오리는 전혀 다른 모습으로 다가와서, 서로 다른 역할을 하게 되지.

---

5 피보나치 수열 : 피보나치 수열은 각 항이 바로 앞의 두 항의 합인 수열. 수열의 첫 두 항은 0과 1로 시작하며, 그 이후의 항들은 이 규칙을 따라 계산된다. 예) 0, 1, 1, 2, 3, 5, 8, 13, 21, 34, …

우선, **탄생의 회오리야.**

이 처음의 움직임은 아기들이 엄마 뱃속에 있을 때부터 이미 시작된단다. 믿기지 않지? 눈에 보이지도 않을 만큼 작디작은 세포의 작은 진동일 뿐인데, 회오리라니. 하지만 그건 마치 우주처럼 조용하면서도, 장엄하게 움직임을 시작한단다. 마치 은하수가 천천히 회전하듯, 그 작은 생명의 움직임이 시작되는 거야. 세포가 나뉘고, 점점 더 복잡한 형태를 이루고, 드디어 심장이 '쿵' 하고 처음으로 뛰기 시작하면서 말이야. 한 생명의 특별한 첫 리듬, 바로 우주의 심장 소리지.

그 미세한 리듬이 회전을 일으키면서, 엄마 몸속에서 '너'라는 특별한 존재가 자라나기 시작했단다. 마치 지구가 달을 끌어당기듯, 너만의 속도로, 너만의 방향으로, 너만의 특별한 회전이 만들어졌지. 그 회오리의 힘은 정말 놀라워서 엄마의 모든 감각, 모든 생각, 모든 에너지는 너에게로 향했단다. 네 회오리가 엄마를 끌어당긴 거야.

엄마는 그걸 매 순간 느낄 수 있었어. 엄마의 고요한 숨결 사이에서, 두근거리는 심장 소리 틈에서, 그리고 평화로운 밤의 적막 속에서, 아무 말 없이도 넌 이미 그 특별한 중심을 만들고 있었지. 그 중심은 단 한 순간도 멈춘 적이 없어. 그 첫 번째 회오리가 10개월이라는 긴 여행 동안 조용히 자라고 자라서, 드디어 엄마가 너를 처음 만난 그 특별한 날, 너는 세상에서 가장 강력하고 아름다운 '생명력'으로 너의 리듬을 시작했어. 이 얼마나 놀랍고 경이로운 회오리니! 너의 삶은 그때부터 이미 온 우주를 휘감는 찬란한 나선처럼 모든 것을 끌어당기며 돌고 있었던 거야.

그렇게 세상에 나온 너의 회오리는 시간이 흐르면서 자연스럽게 커졌어. 처음에는 작은 손짓, 미세한 호흡, 울음소리 하나로 회오리의 맥박이 느껴졌지. 시간이 흐르며 너는 자라고 움직이며 이 세상과 조금씩 연결되기 시작했단다. 하지만 단순히 신체가 커지고, 말문이 트이고, 걷기 시작한다고 해서 그 모든 것이 곧바로 '진짜 성장'이라고 말하긴 어렵지. 왜냐하면 성장은 단순한 확장이 아니라, 깊이를 소유하는 일이기 때문이야. 속이 차오르고, 마음이 확장되고, 세계를 향한 시선이 더 넓어지는 것이 진짜 성장이지. 그래서 두 번째 회오리가 필요한 거야.

배움의 회오리야.
삶을 살아가는 방향을 찾는 과정이란다. 이 회오리는 너의 마음 한가운데에서 시작돼. 세상과 마주한 첫날에는 단지 점에 불과했던 이 작은 회오리가 너의 몸과 마음이 매일같이 세상을 느끼고 반응하며 점점 크고 깊어졌단다. 그 시작은 감각에서 오고, 마음에서 자라나.

처음 손가락으로 무언가를 가리킬 때,
호기심 어린 눈으로 세상을 바라볼 때,
낯선 소리에 고개를 돌릴 때,
그리고 익숙한 얼굴을 보고 환하게 웃을 때,
그 모든 순간이 너의 회오리에 작은 바람을 불어넣는 일이었지. 감각은 단순히 자극을 받아들이는 것만이 아니야. 그것은 너만의 방식으로 세상을 마주하고, 반응하고, 느끼는 과정이란다.

이처럼 배움은 먼저 안에서 시작되지만, 곧 세상을 향해 열리는 문이 되기도 해. 처음 맛본 단맛에 놀라 눈을 동그랗게 뜨던 너, 갑작스러운 찬 바람에 몸을 움츠리던 너, 그 모든 순간이 다 너의 배움이었고, 그 작은 반응들 하나하나가 조금씩 더 빠르게, 더 깊게 회오리치도록 만들었단다. 그건 마치 보이지 않는 바람이 조용히 숲 전체를 흔들어 놓는 것처럼, 너의 미세한 느낌 하나가 너라는 존재 안에서 거대한 움직임으로 번져가는 일이었어.

그리고 그 감각과 느낌은 점점 더 너를 바깥세상과 연결시키고, 더 넓고 복잡한 이해와 교감을 가능하게 해 주었지. 이 회오리는 눈에 보이지 않지만, 분명 존재해. 너의 웃음 속에, 너의 질문 속에, 그리고 너의 눈빛 속에 반짝이고 있단다. 배움은 네 안으로 세상을 들이고, 네 안에서 다시 세상으로 내보내는, 너만의 특별한 회전이자 진동이란다.

처음에는 단순한 반사나 모방에 불과했단다. 눈앞의 빛을 쫓고, 소리에 반응하고, 엄마의 표정을 따라 웃고 울던 너. 하지만 어느 순간부터 너는 '관찰하는 법'을 배우기 시작했지. 세상의 모든 것을 오감으로 느끼며, 그것을 너만의 방식으로 해석하고 받아들이는 힘이 생긴 거야. 배움이 단순히 지식을 쌓는 것이 아닌 이유는, 그것이 사고의 구조를 바꾸기 때문이야. 하나를 알게 되면 두 개가 보이고, 두 개를 알면 네 개가 보이고... 이런 배움은 너의 시선을 점 하나로 고정시키지 않고, 나선처럼 점점 더 넓게 궤도를 그리도록 자라게 했지. 마치 은하수가 밤하늘에 끝없이 펼쳐지듯이, 너의 앎도 그렇게 깊고 광활하게 너의 삶에 퍼져나가기 시작했어.

그리고 그 나선은 시간이라는 축을 따라 쉼 없이 회전하며, 너의 세계를 확장시키지. 이런 시선의 확장은 유아기에만 머무르지 않고 계속해서 이어진단다. 초등학교에서 친구들과 함께 배우는 첫 글자, 중학교에서 만나는 낯선 질문들, 고등학교에서 더 큰 의미로 다가오는 너만의 '꿈', 대학교에서 새롭게 마주하는 세계를 바라보는 관점들, 그리고 사회에 나가 만나는 수많은 도전들까지, 배움은 시간의 흐름 속에서 형태와 질료를 바꾸며 끊임없이 이어지는 회오리야.

이 회오리 속에서 우리는 처음엔 단순해 보였던 것들에서 점차 맥락을 발견하게 되고, 그 맥락들 속에서 그 단순함의 깊은 의미를 찾게 되는거지. 그리고 그 의미는 마치 퍼즐처럼 이전에는 보이지 않던 세상의 조각들을 비밀스럽게 드러내지. 이렇게 배움의 회오리는 단지 '무언가를 아는 것'을 넘어서, 전체에서 맥락을 찾고, 복잡함에서 단순함을 발견하고, 전체에서 부분을 보는 시선으로 널 이끌어.

바로, **존재의 회오리야.**
이것은 너와 세상이 서로를 만나며 함께 만들어가는 특별한 흐름이란다. 이제 너는 더 이상 내면의 작은 세계에만 머무르지 않고, 넓은 바깥세상과 깊이 호흡하며 너라는 존재의 경계를 끊임없이 넘나들게 될 거야. 타인의 따뜻한 시선과 차가운 시선, 설레이지만 낯선 경험, 깊어지는 이해와 생겨나는 오해, 다가오는 인연와 멀어지는 관계 속에서 복잡하면서도 아름다운 회전이 시작되지. 그것은 너라는 존재가 외부 세계와 부딪히며 더 깊고 정교하게 빚어지는 과정이기도 해: 너는 점점 더 넓고 깊은 세상을 만나게 될 거야.

이건 단순히 '많이 겪어보는 것'과는 달라. 그것은 네 존재의 경계 자체가 멀고 높고 깊어지는 소중하고 유일한 여정이란다. 처음에는 낯설고 불편하고, 때로는 스스로를 의심하게 되는 순간들이 올 거야. 마치 거센 바람 속에 서 있는 것처럼 말이지. 하지만 바로 그 흔들림 속에서만 피어나는 시선이 있어. 너만의 특별한 이해, 너만의 고유한 목소리, 그리고 너만의 빛나는 길이 조금씩 모습을 드러내게 되지.

회오리는 여전히 돌고 있지만,
이제 그것은 더 이상 단순한 바람이 아니야.
그것은 네가
스스로 한 걸음씩 걸으며
스스로 파동시켜
스스로 너만의 궤도를 만들어가는 회전이야.

아이야, 엄마가 들려주는 이 세 가지 회오리 이야기가 조금 어지럽게 느껴지니? 하지만 그건 낯선 것을 받아들이는 순간에 잠시 스치는 어지러움일 뿐이야. 방향을 잃는 게 아니라, 세상에 하나의 방향만 있는 것이 아님을 깨닫는 순간일 수도 있어.

이 세 가지 회오리는 겉으로 보기엔 각기 다른 궤도로 움직이는 것 같아. 하지만 아니야. 분명하게 그 안에는 보이지 않는 리듬이 흐르고 있어. 마치 시계 속 톱니바퀴처럼 하나가 움직이면 나머지들도 그 움직임을 따라 함께 돌지. 탄생의 회오리, 배움의 회오리, 그리고 존재의 회오리는 그렇게 서로를 밀어주고 당겨주며, 너라는 존재를 중심으로 조용하지만 확실하게 함께 회전하고 있단다.

여기서 잠깐, 세 가지 회오리를 조금 더 단순하게 정리해 볼까?
탄생의 회오리는 너 자신을 만들어.
배움의 회오리는 너만의 회오리를 품게 하고,
존재의 회오리는 너 자신을 또 하나의 회오리가 되게 하지.

이 회오리들은 단순히 앞에서 뒤로 흐르는 선형의 흐름이 아니야. 오히려 서로 얽히고 감싸 안으며, 복잡하지만 단순하고, 흔들리지만 일관되고, 빠르지만 자기 속도를 지닌 아름다운 구조지. 안팎을 오가며 진동하고, 겹겹이 쌓이고 확장되면서, 너라는 존재는 점점 더 풍요롭게 다듬어지지. 그리고 이 세 회오리가 어우러져 너만의 궤도를 그리기 시작할 때, 그 궤도는 자연스럽게 다음 회오리를 향해 나아가게 돼.

아이야, 며칠 전 우리가 함께 갔던 갤러리 기억나니? 그곳의 나선형 계단을 엄마가 천천히 돌며 올라갔잖아. 처음엔 즐거웠는데, 어느 순간 방향감각이 흐려지고 어지러워져서 현기증이 났었지.

그때 엄마는 문득 깨달았어.
삶도 그렇게 한 걸음씩 나아가면서
새로운 시야를 만나고, 감각이 달라진다는 것을 말이야.
때로는 중심을 잃기도 할거야.
하지만, 중요한 건 멈추지 않고 계속 걷는 거야.

그 과정에서 더 깊은 자아의 진정한 성장을 이루게 된단다.

네 번째는 **꿈의 회오리야.**
너의 길을 찾아, 너만의 나선형 계단을 올라가는 것이란다. 이 회오리는 단순히 바깥세상을 향해 나아가는 것만을 의미하지 않아. 너의 내면 깊숙이 자리한 열망과 가능성이 만들어내는 특별한 진동이자 움직임이지. 꿈의 회오리는 너를 향해 계속 부르는 신호와 같아. 그 신호는 때로는 조용한 속삭임으로, 때로는 강렬한 외침으로 너의 마음을 흔들고, 그 흔들림 속에서 너는 자신만의 길을 발견하게 될 거야.

꿈의 회오리는 한 방향으로만 뻗어나가지 않아. 그것은 나선형 계단처럼 위로 향하면서도 회전을 크게 하며 새로운 층위를 만들어가는 움직임이란다. 직선으로 곧장 올라가는 길과는 다르게, 나선은 반복되는 변화로 성장의 궤적을 그려. 가끔은 제자리에 멈춘 것 같기도 하고, 심지어 뒤로 가는 것 같은 착각이 들 때도 있을 거야. 하지만 그건 나선형 구조 속에서 '나'라는 중심축을 한 바퀴 돌아서 다른 각도에서 나를 다시 보게 하기 위함이야. 그러니 너는 **직선처럼 앞으로만 달리지도 말고 평평한 원을 그리며 제자리를 맴돌지도 말아 줘. 대신 점점 넓어지는 나선형으로 움직여보렴.**

이 나선형 계단에는 끝이 없어. '꼭대기'라는 말조차 어울리지 않지. 중요한 건 **'어디에 도달하느냐가 아니라, 지금 어디를 지나고 있느냐'**야. 나선은 늘 네 과거를 품고 현재를 지나 미래로 향하는 과정이야. 이렇게 생각하면 좀 더 힘이 날 거야. 또한, 네가 어느 순간에 도달했다고 느껴도, 그 자리에서 또 다른 나선형 계단이 기다리고 있어. 그래서 인생은 계속해서 변화하고 성장하며, 너는 끊임없이 너만의 회오리를 만들어가는 존재가 되는 것이지.

어떤 날은 계단이 가파르고 숨이 차겠지. 하지만 또 어떤 날은 창문으로 비치는 빛을 따라 가볍게 발걸음을 옮길 수 있을 거야. 엄마도 실수하고, 자책하고, 너무 아파서 멈추고 싶었던 순간들이 있었단다. 하지만 돌아보니 그 모든 흔들림이 오히려 엄마를 더 깊이 있게 만들어 주었어. 마치 회오리가 바깥으로만 퍼지는 게 아니라, 안으로도 모이며 중심을 세우는 것처럼.

다섯 번째는 **투명의 회오리야.**
회오리라는 것은, 처음에는 아주 작은 힘으로 천천히 돌기 시작하지만, 꾸준히 반복해서 돌리다 보면 어느 순간 자연스럽게 가속이 붙어 스스로 돌아가기 시작해. 그때가 되면 더 이상 네가 의식적으로 힘을 들이지 않아도 회오리는 계속 움직이지. 마치 처음에만 힘을 주면 자체 원심력으로 돌아가는 훌라후프처럼 한 번 움직이기 시작한 회오리는 가끔만 힘을 줘도 계속 돌 수 있어. 회오리가 느려지거나 멈추려 할 때만 잠시 힘을 줘서 다시 돌게 하면 돼. 이런 고유한 생명력과 자율적인 지속성이 유지되면 불필요한 에너지를 낭비하지 않고 자연스럽게 흐름 속에 머무를 수 있어.

이건 '무위(無爲)[6]'와도 닮아있지.
무위는 '아무것도 안 하는 것'이 아니라, 인위적으로 힘을 과하게 쓰지 않아도 모든 게 제대로 돌아가고, 그 안에서 너 자신이 자연스럽게 움직이는 상태야. 과정 그 자체에 온전히 머무는 상태이기도 해. 존재 그 자체가 목적이 되는 삶의 태도지. 그러니, 무위는 너만의 흐름을 믿고 스스로를 맡기는 거야.

이렇게 회오리가 스스로 돌아가고 그 힘을 유지할 때, 너는 그 흐름에 몸을 맡기면서 본연의 자신과 만나게 돼. 처음부터 완벽한 속도나 힘을 기대할 필요는 없어. 작은 시작과 꾸준한 반복이 모여 자연스러운 움직임을 만들고, 그 움직임이 지속되면서 너의 내면에서 솟아오른 동력과 흔들림 없는 중심이, 마침내 너만의 회전을 만들어내는 거지. 투명의 회오리는 너의 노력과 시간이 쌓여 삶의 깊이와 자유로움으로 이어지지.

하지만 꼭 기억해야 할 것이 있어.
이 회오리는 네가 중심이 되어 네가 돌리면서 온전히 네가 지켜야 한다는 거야. 외부의 강한 바람이나 다른 사람의 영향으로 네 회

---

[6] 도덕경, 노자, 현대지성, 2024.

오리가 엉뚱한 방향으로 휘말릴 수도 있거든. 그럴 때 가장 지켜야 할 건 '너만의 회오리', '너만의 흐름'이란다. 가끔은 네가 모르는 사이에 다른 사람의 나선형 계단을 오르는 것처럼, 타인의 기준에 따라 회오리가 움직일 수도 있어. 그 회오리가 처음엔 네 것이었지만 점점 타인의 가치와 기준에 따라 돌려진다면, 그건 네 삶이 아니야. 네 중심이 아닌 곳에서 돌고 있는 회오리는 혼란을 불러오고, 너 자신을 잃게 할 수도 있어.

그래서 **절대 네 회오리를 다른 사람이 대신 돌리도록 내버려두면 안 돼.** 그건 네 인생의 핸들을 남에게 맡긴 것과 같아. 스스로 삶을 주도하지 않으면, 어디로 가는지 모른 채 나아가게 되고 결국 진짜 '네'가 아닌 다른 '너'를 살아가게 돼.

또 회오리를 돌리는 힘이 약해지거나 흔들리는 순간도 분명 올 거야. 그럴 땐 낙담하지 말고 회오리 속에서 변신하는 세일러문을 떠올려 봐. 한 바퀴, 또 한 바퀴 돌면서 마침내 눈부신 빛으로 나타나는 그녀처럼, 너도 그렇게 너만의 빛으로 세상을 향해 다시 걸어갈 수 있을 거야.

회오리는 단순한 힘이나 움직임을 넘어, 네 내면의 성장과 진정한 자아를 유지하는 과정과 닿아 있어. 스스로를 믿고, 자신만의 회오리를 지켜내야만 외부의 유혹과 혼란 속에서도 흔들리지 않고 너의 회오리를 돌릴 수 있어.

마지막으로, 네가 회오리를 돌릴 때 잊지 말아야 할 것이 있어. 회오리가 지속되려면 때때로 멈추고 돌아보며 스스로를 점검하는 시간이 꼭 필요해. 너무 빠르게 달리거나 무리하면 중심이 흔들리고 방향을 잃을 수 있으니까. 네 속도로, 무엇보다 꾸준히 균형을 유지하며 나아가는 게 가장 중요해.

그러니 언제나 기억하렴.
너의 회오리는
너만의 빛이고,
너만의 길이라는 것을.

슈퍼지렁이의 제자리

우리가 어제 산책길에서 보았던 놀라운 광경을 기억하니? 엄청나게 커다란 지렁이 말이야! 뜨거운 햇빛에 몸이 바짝 말라가던 녀석이 순식간에 잔디밭으로 점프했잖아! 우리 정말 깜짝 놀랐지? 살다 살다 점프하는 지렁이를 본 건 처음이었다니까?! 다리도 날개도 없는 녀석이, 바닥을 기기만 하는 녀석이 하늘을 향해 도약한 거야!

엄마는 슈퍼지렁이의 도약을 잊을 수가 없어!!!!
비 온 뒤 나가보면 수많은 지렁이들 대부분은 죽어있잖아. 햇빛에 말라죽고 사람 발에 밟혀 죽고 개미떼에게 공격당해 죽기도 하지. 어제 그 녀석도 그럴 줄 알았어. 물기가 거의 남아있지 않은 상태로 10cm나 되는 거리를 기어갈 힘도 없어 보였거든. 그런데 녀석이 갑자기 제자리에 멈추어 숨을 고르더니, 메뚜기처럼 뛰어올랐어!!

누구도 예상하지 못한 순간에
아무도 예측하지 못한 방법으로
모두가 상상하지 못한 기적이야!
지렁이가 하늘을 향해 도약한 거야!

녀석의 도약은 단순한 점프가 아니었어. 그것은 **자신의 본성을 믿고 제자리를 지킨 생명이 자신의 마지막 생을 폭발시킨 '초지렁적 힘'이었어.** 죽음을 눈앞에 둔 순간, 비축했던 모든 힘을 한데 모아 터뜨린 '비약적인 비상', 자기가 살던 본래의 제자리로 자신을 비상시킨 '초월적 힘'을 우리가 목격한 거야!

그런데 네게 이 편지를 쓰면서 또 놀라운 발견을 했단다. 한자로 지렁이가 인(蚓)이야. 초인적인 힘! 사람에게 '초인(超人)'이 지렁이에게도 '초인(超蚓)'이었어. 이 우연이 너무 신기해서 엄마가 작은 우화를 지어봤어.

　굵은 빗방울이 투두둑 흙을 두드리는 오후였다. 오래 기다린 빗방울의 시원한 노크 소리에 초인이는 이끌리듯 몸을 돌렸다. 어둠의 흙 속에서 살아가는 운명을 타고났지만, 비 오는 날만큼은 그에게 허락된 빛으로의 외출이었다. 그는 천천히 몸을 이끌고 흙 밖으로 나갔다. 벌써 많은 친구들이 흙 속 제자리를 벗어나 저마다의 방식으로 그 길을 맞이하고 있었다.

우쭐이는 잔디밭을 벗어난 직후, 뒤도 돌아보지 않고 앞으로 돌진했다. 모든 것을 다 안다는 듯, 모든 것을 다 할 수 있다는 듯 자만하던 그의 평소 성격대로였다. 하지만 그는 알지 못했다. 자신의 무지와 자만이 스스로를 위험에 빠뜨릴 수도 있다는 것을. 곧 해가 뜰 것이고, 자신의 체력은 머지않아 바닥날 것이라는 사실도.

종속이는 생각 없이 우쭐이를 따라갔다. 자신이 어디로 가는지, 왜 가는지도 모른 채 그저 남이 가는 대로, 시키는 대로 움직일 뿐이었다. 남을 따라가는 길은 편했지만 그 길에 '자기 자신'은 없었다. 위기가 왔을 때 스스로 대처할 방법도, 그럴 능력도 그에게는 없었다. 도처에서 들려오는 인간의 발자국 소리가 자신을 위협한다는 사실조차 그는 알아차리지 못했다.

소심이는 잔디밭 근처를 계속해서 서성이고 있었다. 그는 더 멀리 갈 수 있는 충분한 능력이 있었지만 늘 스스로를 의심했다. 자기 자신을 믿지 못해 지금 있는 곳에서 한 발자국도 나아가지 못했다. 두려움이 그의 앞길을 막았고 스스로에 대한 불신이 그의 도전을 막았다. '내가 할 수 있을까', '실패하면 어쩌지' 따위의 고민에 빠져있는 사이, 개미떼가 그의 주위를 에워싸기 시작했다.

초인이는 크게 숨을 들이마시며 천천히, 그러나 단호하게 앞으로 나아갔다. 남들보다 뒤처지는 것은 아닐까 하는 불안감이 이따금 그를 엄습했지만 그는 스스로를 믿었고, 자신의 속도와 체력을 정확히 알고 있었다. 그는 갈 수 있을 만큼, 더하지도 덜하지도 않은 만큼의 자리에서 조용히 멈추었다. 그는 고갈 직전의 체력 앞에서 숨을 고르며 직감했다. 지금 멈춰야 한다고. 자신이 멈춰야 할 자리는 이곳이라고. 그리고 눈을 감았다. 마침내 자신의 중심으로부터 전해지는 단단함을 느꼈다. 고요했지만, 그 울림은 깊었다.

"멈춰야 할 지금!
멈춰야 할 이곳!
나의 남은 모든 힘을 쏟아야 할 이때!
뛰자!
지금의 제자리를 박차고 내 힘을 다시 모을 제자리로 뛰자!"

아이야, 엄마는 초인[1]이가 제자리를 찾아가는 여정을 지켜보며 깨달았단다. 이건 단지 지렁이의 이야기가 아니었어. 바로 너의 이야기이자 엄마의 이야기, 우리 모두의 이야기였지. 그 장면을 마음속에 그리다 보니 문득 이런 노랫말이 떠올랐단다.

> 세상 풍경 중에서 제일 아름다운 풍경
> 모든 것들이 제자리로 돌아가는 풍경[2]

가장 아름다운 자리, 제자리...
너의 제자리, 엄마의 제자리. 우리의 제자리는 어디일까?

사람들은 보통 제자리라고 하면 한 자리에 꼼짝 않고 있는 것을 떠올려. 제자리에 머무르지 말고 계속 앞으로 나아가야만 할 것 같은 조급함과 불안감이 있지. 또는 남의 자리를 넘보지 말고 자기 분수에 맞는 자리를 지키라는 말처럼 들리기도 해. 하지만 과연 제자리가 정체된 자리, 분수에 맞는 자리만을 의미할까?

초인이가 보여준 제자리는 포기나 정체가 아니었어. 오히려 깊은 숨을 고르며, 보이지 않는 힘을 다져가는 '고요하면서도 강인한 충전'이었지. 그렇게 제자리에 잠시 멈춤으로써 머지않아 폭발

---

[1] 우화 속 초인(超蚓)이자, 자기 자신을 넘어선 존재를 가리키는 초인(超人)의 이중적 의미를 담았다.
[2] '시인과 촌장'의 노래, '풍경'.

할, 놀라운 힘을 내면 깊숙이 비축하고 있었던 거야. 제자리는, 결국 비약을 위한 도약의 발판이었고, 솟구침을 위한 응축이었어.

제자리란 '제격'인 자리야.
남의 자리가 아닌 너의 자리,
빠르지도 느리지도 않은, 너의 속도에 맞는 자리,
넘치거나 부족하지 않은, 너에게 적합한 자리.
필요와 불필요를 선택해야만 하는 바로 그 자리.
하지만 결코
퇴보가 아닌, 오히려 더 큰 진보를 이룰 그 자리.
바로 그곳이 너의 제자리야.

비로소 온전히, 너 자신으로 존재하는 자리. 잠시 멈춰 고요히 힘을 차올리고, 너의 에너지 모두를 모아 다시 길을 나설 수 있게 마련된 자리. 흩어졌던 마음들이 하나로 모이고, 현실의 너도 몰랐던 초인적인 너를 발견하는 자리. 너의 중심이 놓인 바로 그 자리, 그렇게 새 삶이 시작되는 자리. 네가 너로서 찬란히 피어나는, 누구의 그림자도 아닌 오직 너의 빛으로 깨어나는 자리가 너의 제자리야.

뿌리 깊은 나무는 아무리 바람이 세게 불어도 잠시 흔들릴지언정 결코 쓰러지지 않아. 오랜 세월 제자리를 지키며 자란 나무는 자신들의 군집으로 숲을 이루고 자신만의 대지를 만들어내지. 겉으론 가만히 움직이지 않는 것처럼 보이지만, 땅 속 깊이 내린 뿌리는 제아무리 가뭄이 들어도 스스로를 지킬 힘을 비축하고 있는 거야. 하늘에 빛나는 별들은 저마다 제자리를 지킴으로써 완벽한 우주의 질서를 만들어내고, 지구를 도는 달도 늘 일정한 궤도를 유지하며 너무 가깝지도 멀지도 않은, 딱 그 정도의 거리에 머무르지.

제자리를 지킨다는 건, 결국 자기의 중심을 지킨다는 말이야.
주변 상황이 어떻든 간에, 자기다움을 잃지 않는다는 말이야.
나는 나의, 너는 너의 자리에서 각자의 색으로 빛난다는 말이야.

남이 뭐라 하든 네 신념과 가치에 맞지 않으면 흔들리지 않는 것,
그게 바로 제자리를 지키는 것이야.
남에게 좋은 것이 너에게도 좋으리라는 법은 없고,
남이 성공한 길이 너에게 꼭 통하리라는 법도 없어.
'세상에서 가장 위대한 일은 너답게 되는 법을 아는 것[3]'이란다.

우아한 몸짓을 가진 발레리나는 제자리에 멈추어 정확히 중심을 잡았을 때, 안정된 균형 속에서 가장 높이 점프하고 가장 섬세하게 회전할 수 있어. 뛰어난 연기력을 가진 배우는 배역 속의 제자리를 지킴으로써 완벽하게 그 인물이 되어 극의 흐름을 끌고 가지.

---

3 수상록, 미쉘드몽테뉴, 메이트북스, 2019.

거센 파도 속에서도 방향을 잃지 않는 선장은 흔들리는 배 위에서 강인하게 중심을 잡고, 바람과 물결을 읽으며 항로와 선원 모두를 지켜낸단다. 이처럼 모든 것들이 자기가 지금 있어야 할 그 자리, 제자리를 지켰을 때, 하루가, 1년이, 인생이 제대로 단단하고 조화롭게 꽉 채워져서 흘러간단다.

아이야, 초인이는 어떻게 그렇게도 놀라운 도약을 해낼 수 있었을까? 이번에는 엄마가 초인이의 입장이 되어, 그의 마지막 순간을 상상해 보았단다. 어쩌면 초인이는 그날의 자신을 이렇게 떠올리지 않을까?

어느새 비가 그치고 햇살이 따갑게 내리쬐기 시작했다. 햇살은 바늘처럼 내 기다란 몸을 찔렀고, 나는 몸의 수분이 점차 빠져나가는 것을 느꼈다. 나에게 시간이 얼마 남지 않았음을, 태양을 원망할 시간도, 지나온 길을 돌아볼 여유도 없음을 나는 자각했다. 감정에 흔들리고 정신이 혼란할 새가 없다는 사실을, 누군가에게 도움을 요청할 틈도 없다는 사실을 직시했다. 나는 고요하게, 하지만 단호하고 빠르게 판단했다. 내가 돌아가야 할 자리는 어디인지, 내게 남은 힘과 시간은 얼마만큼인지.

나는 천천히 숨을 골랐다. 죽음을 앞둔 촉각의 시간 속에서, 나의 중심을 향해 모든 에너지를 끌어모았다. 흙 먹던 힘까지 모

두 짜내어 온몸을 단단히 움츠렸다. 공기마저 사라진 듯 고요한 정적 속, 나는 내 몸을 그저 본성에 맡겼다. 내 안의 가장 깊숙한 중심, 존재의 근원에 닿았음을 느낀 찰나였다.

오랜 시간 어둠 속에 잠자던 별이 자신의 빛으로 깨어나듯, 내면에 잠들어 있던 모든 에너지가 한순간에 터져 나왔다. 흙 속에 웅크려있던 씨앗이 세상 밖으로 한줄기 고개를 내밀 듯, 응축되어 있던 생명 에너지가 파도처럼 밀려와 나는 떠올랐다. 움츠려있던 몸은 활시위처럼 펴졌고, 기기만 하던 내 몸은 빛의 화살처럼 날아올랐다. 그것은 내 안에 잠들어 있던 신성[4]이 깨어난 순간, '제자리에서 대갈못을 깊이 박은[5]' 자에게만 주어지는 신의 도움이었다.

'그대가 준비되면 신은 자신을 그대에게 쏟아부을 것이다[6].'

아이야, 엄마는 이제 알 것 같아. 초인이가 어떻게 그렇게 날아오를 수 있었는지. 10cm의 먼 거리를 어떻게 순식간에 도약할 수 있었는지. 그건 초인이가 단순히 힘이 세거나 용감해서가 아니었어. 오히려 그는 연약했지만 위기의 순간 그 자리에서 쏟아낼 수 있는

---

4 신성(神聖) : 올더스헉슬리는 그의 저서 '영원의 철학(김영사, 2014)에서 모든 존재의 근원(Divine Ground)은 이성적 언어로는 표현할 수 없는 '영적 절대성'이지만, 특정한 상황에서는 인간이 직접 경험하고 실현할 수 있다고 언급하며 이를 '신성'이라 표현했다.
5 월든, 헨리데이빗소로우, 은행나무, 2011.
6 영원의 철학, 올더스헉슬리, 김영사, 2014.

모든 힘을 쏟았기에 도약할 수 있었던 거야. 가장 바닥일 때 가장 높이 뛸 수 있는 생성의 힘, 그리고 자신을 믿었던 것이지. 세상이 시끄럽게 흔들릴 때, 혹은 위기가 왔을 때, 대부분의 사람들은 밖으로 나가. 어느 누군가가 찾아놓은 해답을 얻기 위해, 다른 누군가가 성공한 길을 따라가기 위해.

하지만 초인이는 아니었어.
바깥이 아닌 자신의 내면에서,
멀리 나가는 것이 아닌 제자리에서
자신만의 정답을 찾아낸 것이지.

'세상에서 여론을 따라 사는 것은 쉬운 일이지만, 위대한 사람은 군중 한가운데서 자신의 독립적인 고독을 지키며 품위 있게 산다[7]'는 이 위대한 문장을, 우리가 하찮게 여긴 지렁이에게서 경험하다니 정말 놀랍지 않니? 세상은 끊임없이 너를 흔들고 다른 사람을 따라가라고 속삭이지만, 너 자신으로서 존재하는 것이 가장 위대한 성취라는 것을 기억하렴. 정답은 외부에 있는 것이 아니라, 바로 **너의 자리를 지킬 때** 네 안에서 피어나는 거야. 그 어떤 순간에도 네 내면 깊이 깃든 신성과 하나가 된다면, 너는 반드시 초월적 힘으로 도약할 수 있단다.

---

7 자기신뢰, 랄프왈도에머슨, 현대지성, 2021.

기적 같은 찰나의 도약 끝에 초인이는 마침내 도착했어. 그런데 그가 이른 곳은 낯선 세상이 아니었어. 놀랍게도, 그곳은 바로 그가 떠나온 제자리였지. 어둡고 때로는 답답했지만 그의 숨결과 눈물, 웃음과 침묵이 스며든 자리. 하루하루 그의 시간과 리듬이 켜켜이 쌓여 삶이 자라난 자리. 그 누구도 대신할 수 없는, 오직 그만의 터전이었어. 그 자리를 떠나 두려움과 유혹 속에서도 중심을 지켜낸 도전의 여정 끝에, 그는 깨달았지. 그 자리는 더 이상 과거의 자리가 아니라는 것을. 그것은 새로운 도약과 꿈을 위한 발판이자, 처음부터 그의 내면 깊숙이 깃들어 있던 자리였던 거야. 그리고 마침내 초인이는 알게 되었단다. **온전히 자기 자신으로서 존재할 수 있는, 근원의 제자리로 돌아왔다는 것을.**

아이야, 제자리는 네가 지금 있는 바로 그 자리야. 위기의 순간 힘을 비축하기 위해 잠시 멈춘 자리도, 도전 끝에 다시 돌아온 근원의 자리도 모두 너의 제자리야. 네가 어디에 있든, 네 마음이 깨어 있기만 하다면 네가 서 있는 모든 자리가 너의 제자리란다. 그 위에서 중심을 잡고, 너답게 우뚝 서기만 하면 돼. 때로는 그 자리가 너무 힘겹게 느껴질지도 몰라. 실패처럼, 한계처럼, 또는 정체처럼 느껴지겠지.

하지만 기억하렴. 그 정체와 위기야말로, 네 도약이 시작되는 진짜 제자리란다. 지금 너의 자리가 초라해 보여도 괜찮아. 그 안엔 너의 뿌리와 가능성이 기다리고 있다는 것을 기억해. **그 어떤 자리든, 네 의식이 깨어있는 그 자리가 바로 더 큰 도약의 출발이란다.**

그러니
실패처럼, 한계처럼, 정체처럼
힘겨운 위기로 스스로가 초라해 보일 때
지금 서있는 그 자리를 직시하렴.

'한밤중에 깨어서도
자신이 한 일을 만족스럽게 생각할 수 있도록
그렇게 모든 성의를 다하여
못을 깊이 고정시키고 박은 못의 끝을 정확하게 구부려두어라.
그러면 뮤즈에게 간청하더라도 부끄럽지 않을 것이다.
그렇게 신은 당신의 바로 그때를 도울 것이다[8].'

때로는 잠시 멈추어도 괜찮아.
멈춘다는 건 단순히 쉬거나 도망치는 것이 아니야.

마치 땅을 박차 오르기 전 한껏 몸을 낮추는 순간처럼, 높이 점프하기 위해선 모든 에너지를 모으는 **'정지의 시간'**이 꼭 필요하단다. 겉보기엔 아무 일도 일어나지 않는 것처럼 보여도, 그 시간 네

---

8 구도자에게 보낸 편지, 헨리데이빗소로우, 오래된미래, 2005.

안에선 중요하고 위대한 일들이 벌어지고 있어. 널 흔드는 감정을 걷어내고 지금 당장 해야 할 것이 무엇인지 발견하게 되지.

위기나 질병, 뜻밖의 상황으로 인해 어쩔 수 없이 멈춰야 할 때도 기억하렴. 그 멈춤이야말로 진짜 중심을 세우는 기회일 수도 있다는 것을. 중요한 건 네가 깨어있는 의식으로 그 자리를 지키는 것이야. 그땐 그 자리가 제자리니까. 그렇게 중심을 지켜낼 때, 네게 닥친 위기는 오히려 도약의 발판이 되고 네 안에서 샘솟는 기적 같은 힘을 끌어내게 되지.

그리고 마침내, **"지금이야!"** 라는 느낌이 들 거야.
그 순간에는 주저하지 말고 박차 올라.
네 안에 비축해온 모든 힘을
한꺼번에 세상을 향해 분출시켜.
모두가 놀랄 너만의 도약을, 너만의 기적을 이루어내는 그 순간 너는 알게 될 거야.

도약은 잠시 멈춘 그 순간,
지금 있는 그 자리에서 시작된다는 것을.
초월은 너의 중심,
지금 존재하는 그 자리에서 피어난다는 것을.

아이야,
제자리는 고정된 물리적 장소가 아니야.
너의 내면의 중심을 지키는 정신의 자리이고
너를 어떤 상황에서도 지켜줄 마음의 자리이며,
너의 이상을 믿고 현재를 살아내는 의식의 자리이자
너의 속도와 모양대로 가도 좋다고 허락된 영혼의 자리,
그리고
네게 주어진 운명을 스스로의 의지로 넘어서는 초월의 자리란다.

제자리.

세상 풍경 중에서 제일 아름다운 풍경
모든 것들이 제자리로 돌아가는 풍경

모든 것이 제자리에 있을 때 세상은 조화로워. '현실의 나'가 제자리를 지킬 때 '초월된 나'도 제자리를 지키게 되지. 그러니, 제자리에서 당당하게 두 발을 딛고 섰을 때, 네 안에 잠재된 초월의 힘도 너의 중심에서 서서히 뭉쳐지고, 마침내 스스로의 기운으로 분출되기 시작한단다.

아이야, 제자리를 지켜내면 결국 알게 될 거야. 네 안에 깃든, 그 누구도 몰랐던 초월적 힘을. 그 힘이 분수처럼 밖으로 뿜어져 나

올 수 있도록, 너의 제자리를 지켜내렴. 그렇게 '자기 자신으로 가득 차 자기에게만 전념하는 분수 같은 존재[9]'가 되렴. 자기로 뿜어져 자기로 채워지는, 세상에 시원한 울림을 전하는 존재. 제자리에 머무를 때 가장 아름답게 빛나는 너 자신으로. 그리하여, 거대한 세계가 네 편이 되게 하렴.

'만일 단 한 사람이
자기 본능 위에 반석처럼 몸을 세우고
단단히 거기에서 지키고 있으면,
이 거대한 세계가 도리어 자기편으로 향하여 오리라[10].'

---

9 젊은 시인에게 보내는 편지, 라이너마리아릴케, 태동, 2003.
10 수상록, 랄프왈도에머슨, 서문당, 1996.

은혜의 꽃

열리기만 좋아하고 닫히는 것을 싫어하지
솟는 것만 좋아하고 막히는 것을 싫어하지
흐르는 것만 좋아하고 멈추는 것을 싫어하지

바람 누울 자리 없이
가파른 절망의 언덕이기도 했던

불어난 물에 잠겨
호흡이 가빴던 슬픔의 강이기도 했던

얼음 덩어리들이 부서져
날카로운 두려움의 왕국이기도 했던

잉걸덩이와 함께
처형당하는 심연의 광장이기도 했던
그곳에서

따사로운 햇살이
절망의 언덕을 부드럽게 덮어주고

푸른 하늘이
슬픔의 폐에 호흡을 이어주고

근원지를 잃었던 물이
두려움의 모서리를 안아주고

수직의 노래로 떨어지는 비들이
깊은 마음 뿌리를 적셔주는

은혜의 꽃이
이제

핀다, 너로부터

삶이 지옥이라고?

"정말 지옥 같았어, 생각하기도 싫어!"
네가 고등학교 시절을 얘기하면서 내뱉은 말이야.
엄마는 정말 놀랐단다.
이제 막 성인이 된 예쁜 네 입에서 나온 단어가 '지옥'이라니…

고등학교 내내 장학금을 받을 만큼 열심이었던 네가 그 정도로 힘들었는지 엄마는 미처 몰랐어. 엄마가 무심했어. '입시지옥'을 너도 겪었구나… 실제 한국 대학생의 80% 이상이 '고등학교가 사활을 건 전쟁터였다[1]'고 했다지? 죽기 아니면 살기로 너는 그 시간을 견뎌냈구나…

---

1 한, 미, 일, 중 대학생 대상 국제 연구에서 한국 대학생의 81%가 "고등학교가 사활을 건 전쟁터였다."라고 부정적으로 답했다. 중국, 미국은 그 비율이 40%대에 불과했다. 오히려 일본은 76%가 "고등학교가 함께하는 광장"이라는 긍정적인 대답을 했다 (출처: 교육과 사회자본 관련 인식의 국제 비교 연구, 김희삼, 한국개발연구원(KDI), 2017).

지.옥.이라…

달콤한 상금 뒤에서 잔혹하게 목숨걸고 싸우는 '오OO 게임', 탈출 아니면 감염, 양자택일의 기로에 선 학생들의 적자생존기 '지금 우리 OO는', 8명이 최상층에 오르려 치밀한 심리전으로 서로를 가해하는 '더 OO쇼'.

왜 이런 드라마가 인기 있는 걸까?
그만큼 많은 사람들이 '공감'하는 것이겠지?
그렇다면, 지금 우리 현실은 정말 '지옥'이라고 표현해도 전혀 어색하지 않겠네!

우울증 환자 100만 명 시대. 우리나라 성남시 인구보다 많고 고양시 전체 인구와 맞먹는 사람들이 모두 우울하대[2]. 게다가, 하루에 38명이나 스스로 목숨을 끊는대. 특히 10, 20대가. **10대의 사망원인 1위가 '자살**[3]**'**이고… 대학 진학률은 1위인데 청년의 취업 포기율은 4위, 저출산율 1위, 우울증 유발률도 1위. 더 기가 막힐 노릇은 우리가 이런 OECD통계에 익숙해졌다는 것이지.

우리는 과연 인생을 바람직하게 살고 있는 것일까?
육아전쟁, 입시지옥, 취업지옥, 군대지옥, 직장지옥, 출근지옥,

---

2 우울증 환자 수는 100만 744명으로, 같은 해 성남시 인구수 92만 명보다 많고, 고양시 107만 명과 맞먹는 수준이다. (출처: 최근 5년간 우울증 진료 인원 현황, 건강보험심사평가원, 통계청, 2022.)
3 10, 20대의 자살율은 계속 증가하고 있고, 10~30대 사망원인 1위는 모두 자살이다.
(출처:2023년 사망원인통계 결과, 통계청, 2023.)

그리고 **헬조선**.
한국인의 인생 전반이 '전쟁'이자 '지옥'이네.
이를 어떡하니.

엄마가 네 마음을 전혀 모르는 것은 아니야. 엄마 역시 치열하게 학교 공부를 했고, 워커홀릭이라 불릴 정도로 앞만 보고 달렸어. 그러다가 어떤 계기로 몸이 무너졌지. 신체가 아프니 정신도 따라서 무너지더라. 그때야 알았어. '정신'이 무너지면 '지옥'이 될 수 있다는 것을 말이야. 열정적이고 치열한 것을 당연하게 여기던 그 시절, 하지만 지옥같이 느껴지던 그 시절, 엄마는 지옥을 천국으로 바꾸기로 했었단다. 네 입에서 '지옥'이라는 단어가 나온 순간부터, 엄마는 네게 이 말은 꼭 해주고 싶었어.

지옥과 천국이 실제로 있을까? 아무도 가보지 않은 곳인데?
너무 뻔한 답이지만, 지옥과 천국은 실재하지 않아. 그저 '마음이 지옥이면 삶이 지옥'인 것이지. 하지만, 현실에 늘 있지. 단어가 존재한다는 것은 쓰이고 있다는 의미거든. 사람에게 무용한 단어는 소멸돼. 그러니 있다고 보는 게 옳지. 결국 **천국과 지옥은 상상 속 공간이지만 누구에게든 존재해.**

또한, 바라는 것이 현실이 된다는 전제로 볼 때, 지옥을 상상한다고 지옥을 바라지는 않겠지? 그렇다면 지옥 같다고 느끼지만, 천국을 향한 간절함이 마음 깊이 있다고 할 수 있지 않을까? 불편하다는 것은 편함을 알기 때문이고, 불안하다는 것은 안정을 경험해 봤기 때문이야. 결국 지옥같이 힘들다는 것은 천국 같은 생활을 경험했거나 바라기 때문이지.

결국, 마인드야.
너무 뻔한 이야기여서 실망했니?
그런데 어쩌겠니.
결국 마인드의 문제인 것을.
네가 보고자 하는 대로 보이는 것을.

우리가 지각하는 현상(現象)과 실제로 존재하는 현실(現實)은 너를 중심으로 네 통제권 밖에서 벌어져. 그러니까 너를 변화시켜야 현상이 변하고 현실이 달라진단다. 네가 변화시킬 수 없는 것을 탓하거나 바꾸려 애쓰지 말고, 네가 변화시킬 수 있는 유일한 통제 대상인 너 자신을 바꾸면 현실의 지옥은 천국이 될 수 있어.

마.인.드.
된다고 믿든 안된다고 믿든, 네가 믿는 대로[4] 된단다. **우리가 현상을 볼 때, 그 이면을 상상하는 정신은 아주 훌륭한 마인드라 할 수** 있지. 현상과 그 이면을 함께 바라봐야 전체를 볼 수 있단다. 손바

---

4 세계 최초로 대량생산에 성공한 헨리 포드 (1863-1947, 포드 자동차 창립자)의 명언.

닥에서 손등이 보이지 않지만, 손바닥 이면의 손등을 볼 수 있는 것은 '손이라는 전체'를 알기에 가능한 앎이지. 어둠 속에서 빛을, 괴로움에서 즐거움을, 통증에서 건강을 보듯. 그렇게 지옥 같은 현실에서 행복한 천국을 떠올리는 것. 이렇게 현상과 그 이면까지를 바라보는 전체의 시선은 시대를 초월하는 삶의 원리이자 동시에 이 시대에 꼭 필요한 직관과 창의 같은 메타지식의 근본이란다.

'사물의 덧없음을 언제나 염두에 두고,
현재의 일을 보고 곧 그 반대를 상상하는 것이 좋을 것이다.
즉 행복에 있어서는 불행을, 우정에 있어서는 적의를,
맑은 날에는 흐린 날을, 사랑에 있어서는 미움을,
신뢰를 하고 속마음을 털어놓을 때는 배신을 당해
후회하는 장면을 각각 선명하게 그려보고,
또 그 반대의 경우를 떠올려 보는 것이 좋을 것이다[5].'

지옥같이 느껴지는 현실을 바꿀 수 없다면, 현실을 지옥같이 느끼는 너의 감정은 너의 마인드로 바꿀 수 있단다. 엄마가 좋아하는 한 청년[6]은 현실이 너무나 고통스러워서 일부러 더 고통을 주려고 자기 발에 맞지 않는 작은 신발을 신고 깡총깡총 뛰어다녔대. 너무 발이 아파서 신발을 벗고서야 '아. 이것이 진정한 쾌락이구

---

5 쇼펜하우어 인생론, 아르투어쇼펜하우어, 나래북, 2010.
6 니코스 카잔차키스는 고통을 잊기 위해 작은 신발을 신고 걸어다니다 너무 발이 아파 신발을 벗었을 때의 쾌감을 서술했다(영혼의 자서전, 열린책들, 2008.).

나!' 하고 느끼게 됐다는 거야.

'현명한 사람은
고통스러울 때 일부러 그 고통을 더 당겨서 고통 뒤에 올 쾌락,
그러니까 원하는 결과를 앞당긴다[7].'

엄마도 지금 비슷한 경험을 하고 있어. 너도 알다시피 엄마가 얼마 전에 큰 수술을 했잖니. 그때 엄마는 절망에 빠져 있었어. 그런데 네가 보기에 지금은 어때? 행복해 보이지 않니? 엄마가 가진 **정신의 유산을 너희에게 남기려는 마음**으로 책을 읽고, 끈질기게 글을 쓰다 보니 엄마 마음이 바뀌더라. **마음이 바뀌니까 몸의 고통으로 괴로웠던 감정은 사라지고, 글을 쓰는 새로운 삶이 즐거워졌어.** 실제 엄마의 신체 건강은 어제나 오늘이나 비슷해. 하지만, 마음이 바뀌니까 신체의 통증보다 정신의 쾌락이 훨씬 크단다. 마음이 마인드를 바꿔준 거야. 세상이 눈부시게 밝게 보인다는 게 이런 건가봐.

아이야, 너는 지옥 같던 고등학교 생활을 무사히 마치고 성인이 되었어. 앞으로 펼쳐질 '어른'이라는 세상. 훨씬 '지옥' 같은 세상일지도 모르는데, 그래도 네가 선택해야 해. 지옥으로 이어갈지, 천국으로 바꿀지 말이야! 네 마음가짐에 따라 너의 세상도 완전히

---

7 세네카 인생철학이야기, 루키우스안나이우스세네카, 동서문화사, 2017.

달라질 테니까. '지옥 같은'은 이미 경험했으니 엄마가 알려줄 필요가 없겠지? 그럼 지금부터 '천국 같은' 너의 어른으로서의 세상을 엄마랑 함께 '건설'해보자!

지옥을 천국으로 건설하려면
첫째, 천국의 조감도(鳥瞰圖)부터 그리자.
새 조(鳥), 내려다볼 감(瞰), 그림 도(圖).
높은 하늘에서 새의 눈으로 내려다보고 그리는 거야.

자, 하늘에서 너만의 대지가 보이니? 드넓은 대지에 넌 어떤 집을 건설하고 싶니? 엄마는 벌써 흥분돼! 어떤 건축물을 얼마나 높이, 넓게, 멋지게 짓고 싶은지 마음껏 상상해 봐. 조감도를 위해서는 집을 지을 대지의 상태를 잘 살펴보고 구상해야 해. 땅의 기울기는 어떤지, 암석이 있는지, 얼마나 깊이 팔 수 있는지, 주변 지형과 환경은 어떠한지... 그래야 나중에 건물 구조를 정하고 공사할 때 문제가 생기지 않을 테니까.

너의 마음도 마찬가지야.
네 마음속 깊은 곳까지 비옥한 토양인지,
상처로 깊이 파이지는 않았는지,
외부의 자극에 충격받지 않을만큼 단단한지, 평평한지 새의 눈으로 조감하는 거야.

네 마음이 투영된 천국의 조감도.
너의 구상에는 너의 정신과 가치관이 들어 있단다. 이렇게 너만의 멋진 조감도를 상상했다면, 네 마인드에 천국이 건설되기 시작한 것이야. 이제 하늘에서 땅으로 너의 시선을 옮길텐데 그 전에 우선 그 조감도가 실재화된다는 것을 믿으렴. 네가 믿지 않으면 세상도 믿어주지 않는단다.

둘째, 설계도를 그리자.
조감도를 하얀 백지에 구체적인 수치와 구조로 구현해 내는 거지.

설계도는 네가 위에서 새처럼 바라본 비전(vision)을 현실로 바꿔주는, 그러니까 실제로 표현해 내는 작업이란다.
구상(構想)이 현상(現象)이 되는 것이지.
상상이 현실이 된단 말이야.
마인드가 실재가 되고.

자, 방은 몇 개나 어디에 둘지, 거실과 주방, 욕실은 어떻게 배치할지, 빛이 들어올 창과 문은 어디에 어떤 크기로 낼 지, 배수관과 정화조는 어디로 통로를 연결할지, 집 밖에 너만의 아늑한 쉼터를 또 어떻게 만들지…

너는 오늘도 일어나서 밥을 먹고 일상을 보내고 잠드는 하루하루를 통해서 네게 쌓인 모든 것을 네가 설계한 배출구로 다 내려보낼 수 있어. 네 마음속에 무엇을 받아들이고, 무엇을 남기고, 무엇을 흘려보낼지, 네 감정이 어디로 들어가고 어디로 나갈지 모두 네가 정할 수 있어. 너의 정신이 어디서 쉴지, 어디에서 바람을 맞고 어디에서 따뜻하게 누울지도, 모두 네가 정할 수 있단다.

셋째, 이제 종이 위의 실재를 대지 위에 실제로 만드는 거야.
첫 삽을 푸렴.

나르고, 쌓고, 올리고, 박고, 끼우고. 모든 공사의 기본은 이게 다야. 그리고 바르고, 조이고, 휘고, 꾸미면 되지. 부드러운 흙과 단단한 콘크리트, 날카로운 철근으로 집의 형체를 갖추고, 바닥부터 벽, 기둥을 쌓아 올리고, 지붕, 창문과 문을 차례로 끼워.

높은 층고는 너의 탁 트인 시야가 되어주고, 깊이 박은 기둥과 벽은 너를 짓누르던 압력에 맞서는 굳건한 신념이 될 거야. 곳곳에 자리한, 자연과 통하는 창들은 너의 답답한 마음의 숨통일 테고, 거대한 문은 네가 드나들며 세상과 활발히 소통하는 통로일 거야.

네가 집에서 밖으로, 밖에서 집으로,
네가 타인에게로, 타인이 너에게로,
네가 품을 것은 품고, 뱉을 것을 뱉어내는.

모두 네가 정할 수 있어. 자, 이렇게 하나하나 해 나가는 거야. 이것이 너의 하루면 돼. 이 하루를 반복하면 너는 100층짜리 건물도 지어 올릴 수 있단다. 네 마인드를 이렇게 바꾸면 천국이 건설돼!!

넷째, **이제 밖으로 나가 너만의 정원을 꾸미자!**
집 바깥 한쪽에 잠시 쉴 수 있는 여백의 정원은 어떨까?

눈을 즐겁게 해 줄 아름다운 나무와 꽃, '물멍'을 할 수 있는 연못, 벤치에 앉아 사계절의 흐름을 느끼면서 마음에 쉼표를 찍는 자연의 정원. 어때? 아마도 밖에서 지친 마음을 내려놓고, 욕망과 감정들을 모두 걷어내고, 아무 말 없이 앉아서 너의 내면을 깊이 느끼는 공간이 되지 않을까? 네 마음에 활력이 차오르고 진정한 자아를 온전히 느끼게 해주는 성찰의 공간이 될 수도 있고 말이야. 지금의 너보다 더 '높은 차원의 너'를 만들어가기 위해 '현재에 안주하고자 하는 욕망'을 내려놓고 스스로를 뛰어넘는, 성숙한 성장의 정원이 될 거야. **위대한 인물은 미래의 더 확실한 무언가를 위해서, 지금의 확실함을 기꺼이 포기할 줄 안단다.** 이렇게 너를 더 높은 차원으로 끌어올려 줄 너만의 사색의 공간을 만들어보렴.

사람은,
누구나 새로운 하루하루를 선물 받지. 새로운 날마다 새로워질 수 있는 특권이 있지. 스스로를 새롭게 창조한다는 것은 매일매일 새

날이 주는 선물일 거야.

창조가 고통스럽다고 하는데 이는 당연하지 않을까? 새로움은 낯설고, 낯섦은 두렵고, 두려움은 고통으로 느껴지지만, 결국 고통 없는 창조는 없단다. 고통을 겪는다고 모두 창조가 되는 건 아니지만, 진정한 창조에는 고통이 따르잖아. 사랑하기 위해서는 아픔이 따르는 것처럼, 자신이 마주한 새로움 앞에서 두려운 것은 당연하단다.

그래서 **천국에서도 인간은 고뇌하는 것이란다.**
하지만 천국의 모든 존재들은 알 거야.
이 고통은 외부로부터가 아니라
내면으로부터 스스로의 성장을 다그친
신성한 시련이라는 것을.

그러니 너는 너만의 사색의 정원에서 풀과 나무와 꽃을 바라보면서 너를 진동시킬 고귀한 아픔을 스스로에게 허락하고, 그 속에서 새로운 자아를 창조하렴. 고요한 정원에서 자연과 함께 누리는 사려 깊은 사색의 시간은, 네가 인생을 살며 느끼게 될 모든 감정의 이유를, 네가 경험하게 될 모든 현상의 인과를 너 스스로 깨우치도록 도울 거란다.

지금까지 알고 있던 너, 그러니까 현실 속 물질적인 존재로 알고 있던 너에게서 벗어나 초연해질 수 있게 해주는 **또 다른 너 자신**을 감지할 수 있을지도 몰라. 너는 새롭게 조성된 정원에서 일상에 갇힌 '자아'로부터 벗어나 초연해진 '새로운 너'를 마주하게 될 거야. 마치 대자연의 넉넉한 품에서 소로우가 깊이 체험했던 그 변화처럼 말이야.

> '내가 아무리 강렬한 경험을 했다 하더라도
> 그 경험을 공유하지 않고 그저 관찰자로서 바라보는
> 또 다른 내가 내 안에 존재하는 것을 나는 의식한다.
> 그 관찰자는 남도 나도 아니다[8].'

아이야, 천국을 조감하고 설계하여, 대지에 실제로 견고한 건물을 세우고, 깊은 사색의 정원까지 이제 만들었구나. 너의 천국이 상상 속에서 건설되었을지라도 이제 너는 지옥을 천국으로 **창조(創造)**한 것이야. 네 상상으로부터(創) 천국을 지은(造) 것이잖아. 창조된 모든 현실은 상상으로부터 비롯돼.

자, 그러니 **이제 창발(創發)하자.**
창조로부터(創) 현실로 피어나게(發) 하자. 세상의 모든 창발은 우주로부터 비롯되어 미립자들이 결합하여 생성된단다. 단순하든

---

[8] 월든, 헨리데이빗소로우, 열림원, 2017.

복잡하든, 너도 마인드로부터 창조된 천국을 네 육체를 통해 현실에서 창발시키면 돼. 그러면 정말 네가 사는 현실에 구현될 거야.
그런데, 천국의 건설은 여기서 끝이 아니다.
정말 중요한 하나가 남았어.

다섯째, 너만의 상징을 세우자.
네가 추구하는 무언가,
너의 존재를 온전히 대변할 무언가,
너의 삶의 중심을 든든한 무언가로 상징하렴.

성당의 첨탑이 하늘을 향해 솟아있듯,
산봉우리의 깃발이 당당히 푯대로 꽂혀있듯,
과녁의 정중앙이 날카로운 화살촉을 빨아들이듯,
너의 천국에 너를 떠올릴 수 있는 상징물을 세우렴.

자신의 진정한 존재 없이는 진정한 소유가 불가능하단다. 천국을 네 마음에 건설하여 소유하려면 너의 본질과 지향이 담긴 존재를 분명히 드러내야 해. 너를 상징할 수 있는 것이라면 무엇이든 네가 원하는 위치에 두렴.

삶에서 순간적으로 스쳐가는 감정들, '지옥 같다'는 푸념 따위는 아무 가치가 없어. 천국 같은 환경에 살아도 '지옥 같다'고 느낄 수 있고, 지옥 같은 환경에 살아도 '천국 같다'고 느낄 수 있거든. 네가 생각하는 대로 너는 느끼게 돼. 그래서 사고가 부패하면 감정도 말도 행동도 모두 부패되어 드러나지.

건설의 끝, 그리고
너의 새로운 시작.
너의 존재와 추구의 상징은
천국의 숨겨진 비밀을 하나씩 발견하게 하여
너를 진정한 천국의 주인으로 이끌어줄 거야.

그리고 네 내면의 깊이가 드러나는 아름다운 예술작품을, 너를 비추는 온화한 조명을, 네 삶의 이야기를 담아낼 소중한 가구들을 너만의 공간에 채우렴. 너라는 존재의 본질과 가치관, 마음속 깊은 울림이 고스란히 스며들 너만의 천국으로 꾸미는거야. 이것들은 단순한 장식이 아니야. 너를 현시(現視)화시켜줄 대상인 것이지. 이렇게 안과 밖이, 미래와 현재가, 상상과 현실이 조화를 이룰 때 우리는 '예술같은 삶'이라 하지. 네 삶이 예술이 되게 너의 천국을 꾸미고 가꾸렴.

여기까지 엄마는 맘껏 상상하며 써 내려갔어.
너의 천국은 멀리서도 보일 거야. 에너지를 멀리 엄마에게까지 전해줄 것이거든. 신나게 써 내려가는 동안 엄마는 천국 같은 세상에서 네가 살아가는 모습에 몹시 격앙되고 짜릿했어. 그러면서도 대견한 너의 모습에 눈물도 사실 조금 흘렸어. 세상에 그 무엇과도 바꿀 수 없는 너라는 존재가 너답게 살아가는 것만큼 엄마를 떨리게 하는 것이 뭐가 있겠니…

모든 상상은 현실이 된단다. 그러니 지금까지 네가 상상 속에 건설한 천국은 결코 허상이 아니야. **현실에서 천국을 경험하게 해줄 소중한 이상(理想)이야.** 이상은 이치에 맞는 상상이라 현실이 되지. 그러니 상상만으로 그치지 말고 구체적으로 네 머리에, 가슴에 심으렴. 분명 그 이상은 네게 현실에서의 천국을 경험하게 해줄 것이라 믿어.

그리고 참! 비어있는 집은 깨끗하지만 오히려 기운이 하나도 느껴지지 않고 심지어 을씨년스럽기까지 하지. 집이란 거주하는 이의 손길과 눈길과 체취가 스며들면서 그 사람의 혼이 담기게 돼. 그래서 집도 '느낌'이라는 걸 갖게 되는 거야. 그렇게 너는 네가 건설한 천국에 너의 혼을 담으렴. 이제 네 공간에 너의 영혼이 머물게 하렴. 너의 육신과 너의 영혼이 긴밀히, 자주 만나며 '상상'의 천국을 '현실'에서 느껴보렴.

여섯째, **이제 완성된 천국에 친구들을 초대해볼까?**
마음의 평안과 행복 속에서 친구들과 파티를 여는 거야.

얼마나 즐거울까? 마치, 우주의 모든 존재가 서로 연결돼서 순환하고 전체와 조화를 만들어내는 것과 같이. 네 마음속에 새로 건설된 천국은 '정신'과 '물질'이 만나 통합되어 균형을 이루는 곳이 되고, 네가 창조한 연대는 우주가 지향하는 사랑과 생명의 에너지를 확산시키는 힘이 되겠지?

아이야, 너의 천국, 네가 만든 공간이지만 이곳에는 네 마음을 채워줄 다른 사람들의 마음이 필요하단다. 엄마도 마음의 천국을 함께 완성해 준 소중한 벗이 있어. 친구의 한마디가, 너의 작은 선물이, 의사의 격려가, 다른 작가들의 응원이, 그리고 책 속 한 구절이. 너의 마음의 천국도 책 한 권, 평생 친구의 배려, 가족의 격려, 여행지에서 스쳐 지나간 사람의 친절로 채워질 거야. '나'의 천국이 '우리'의 천국이 될 때 천국의 가치는 더 위대해질 거야.

자, 어떠니?
네가 진정 원하는 대로
천국의 조감도를 그리고
설계도를 만들고
집을 완공해서 상징이 세워지고 쉼의 정원까지.
구석구석 예술의 혼이 흐르는,
네가 사랑하는 친구들과도 함께 하는 곳.
이보다 더한 천국이 또 있을까?

하지만, 네가 통과한 지옥은 누군가에겐 아직도 현재진행형일 수 있어. 그들에게 네가 천국을 건설한 이야기를 전해주렴. "너도 지옥을 천국으로 바꿀 수 있어.", "나처럼 너만의 천국을 지어봐."라고 네가 경험한 그 느낌을 말해주는 것만으로도 길 잃은 친구의 어두운 마음에 창을 내줄 거야. 그 창은 다시 네 마음의 창에 바람을 보내줄 테고. 너와 나, 우리 사이에 순환이 일어날 때, 우리 함께 **공진화**하며 성장할 것이야.

입시지옥, 취업지옥, 군대지옥, 직장지옥, 출근지옥, 육아지옥, 가정지옥. 말 그대로 '헬조선'. 어쩌겠니? 하지만, 괜찮아. 세상이 그러니 어쩔 수 없다고, 모두가 그리 말한들 귀 기울이지 마라. 너만 그러지 않으면 된단다. 너의 새로운 마인드가 지옥을 천국으로 바꿀 거야. 너부터 바뀌면 돼. 그러면 네 옆의 친구가 바뀌고, 친구 옆의 친구가 바뀌고... 이렇게 모두가 지옥을 천국으로 바꿀 수 있어. 그러니 세상이 그리 말한다 하더라도, 네게 그 단어가 스며들게 하지 마라. **우리 모두는 이미 태어날 때부터 마음속에 천국을 설계할 수 있는 위대한 능력을 지니고 있단다.**

하지만 살다가...
살다가 말이야...
너의 마음이 폐허처럼 무너질 때...
괜찮아...

결코 두려워하지 마.
'다시 천국을 지을 거야' 하고 결심하고 실천하는 순간,
넌 지금처럼 네 삶을 온전히 다른 차원으로 변화시킬 수 있어!

돈오점수(頓悟漸修).
점진적으로 실천하여 깨달으면 된단다.
단번에 깨닫고 점진적으로 실천하든,
점진적으로 깨달으며 실천하든.

언제나 괜찮다. 언제나 다시 재건할 수 있어. 언제나 넌 천국의 주인으로서 살 자격이 있으니, **돈오점수하여 의식적이고, 점진적이고, 주도적으로, 지옥을 천국으로 바꾸는 마음의 건축가가 되렴.**

---

9 돈오(頓悟)-단번에 깨달음, 점수(漸修)-점진적으로 깨닫고 수행함. 선종에서 진심의 이치를 깨친 뒤 번뇌와 오랜 습기를 제거해 가는 불교 수행법(한국민족문화대백과사전).

경계는 허상이란다

아이야, 엄마는 하고 싶은 게 참 많았어. 그 열망들은 엄마를 자꾸 더 넓은 세상으로 이끌었단다. 무언가를 꿈꾸기 시작하면서부터 엄마가 머무는 곳이 점점 작게 느껴졌지. 더 많은 사람들을 만나고, 더 넓은 곳에서 엄마의 꿈을 펼치고 싶었어. 그래서 엄마가 있는 곳에서 벗어나고 싶어졌단다. '세계 곳곳을 여행할 수 있는' 직업을 찾아 항공사 승무원이 되었고 그토록 바라던 세계 여러 나라를 마음껏 여행하게 됐지.

승무원이 된 후 어느 날, 엄마는 외할아버지도 세상을 경험하고 싶어했다는 것을 알게 되었어. 대화 속에 가장으로서의 무게와 책임감으로 자신의 꿈을 펼치지 못한 아쉬움과 딸이 대신 이룬 꿈에 대한 작은 부러움 같은 것도 느껴졌지. 그리고 그 속에 아직도 꺼지지 않은 꿈의 불씨가 남아 있는 것도 살짝 보았단다. 엄마가 감명 깊게 읽었던, 연금술사[1]에도 그런 장면이 나와. 주인공 산티아고가 자신의 아버지에게 세상을 두루 여행하고 싶다고 말했을 때 축복을 빌어 주는 아버지의 표정에서 그 역시 세상을 떠돌고 싶어 한다는 것을 느꼈지.

외할아버지에게도, 산티아고의 아버지에게도…
지난한 삶 속에서 수십 년간 한결같이 남아있는 꿈.
그들도 엄마와 산티아고처럼 세상을 여행하고 싶었던 거야.

왜 사람들은 더 넓은 세상으로 나아가고 싶어 할까? 아마도 새로운 것을 배우고, 그 배움을 통해 자기 내면을 채우고, 그러면서 자신이 알고 있던 자신이, 전부가 아니었음을 깨닫기 위해서가 아닐까? 우리는 그렇게 자신의 인식을 깨고, 경계를 허물면서 더 큰 나, 더 자유로운 나로 나아가게 되지. **인간이라면 누구나 나아가고 싶은 욕구가 있으니까.** 더 깊이 알고, 더 멀리 가고, 더 나은 무언가가 되고 싶은 마음 말이야.

이렇게 우리는 살면서 수많은 '**경계(境界)**'를 만난단다. 지리적 경계일 수도 있고, 내가 속한 환경의 경계, 삶의 방식의 경계 혹은 스스로 만들어낸 인식의 경계일 수도 있어. 삶은 경계투성이야. 눈

---

[1] 연금술사, 파울로코엘료, 문학동네, 2018.

에 보이거나, 보이지 않는 경계를 누구나 지니고 살지.

그런데 아이야,
그 모든 경계를 넘어 한 걸음만 걸어보렴.
네 안의 새로운 너를 깨우고, 더 큰 너를 발견하렴.
하지만 경계를 넘는다는 건 쉬운 일이 아니야.

살면서 우리는 내가 나를 제대로 볼 수 없을 때가 많아. 마치 내 눈동자, 내 얼굴, 내 뒷모습처럼 말이야. 그것들은 외부라는 거울을 통해서만 볼 수 있지. 나에게 일어난 일을 내 시선만으로는 제대로 이해할 수 없는 것도 그런 이유야. 감정도 정신도 현상도 모두 마찬가지야. 완전히 밖으로 빠져나와야 그것들을 제대로 바라볼 수 있어. 우리에게 보이지 않는 그 부분은 소위 주변 여건이나 외부 세계에 투사하고 비춰보는 것을 거쳐야만 인식[2]할 수 있단다. 이렇듯 누구나 자신을 온전히 안다고 할 수 없어. 자신을 아는 것에는 한계가 있어.

그렇다면, 나를 아는 존재는 누굴까?
아마도 나를 외부에서 온전히 바라볼 수 있는 존재,
어쩌면 나를 만든 존재일 거야.

---

2 마음과 질병의 관계는 무엇인가?, 뤼디거달케, 한언, 2015.

엄마는 너를 잘 알까? 물론 너를 낳고 키운 존재니까 그 누구보다 잘 알 수 있어. 하지만 너를 이 세상에 보낸 '의도'를 알지는 못해. 그건 어쩌면 '신'만이 알 수 있지 않을까? 핸드폰을 가장 잘 아는 사람은 그것을 사용하는 사람이 아니라 그것을 개발, 설계한 사람이야. 만든 자가 만든 것을 가장 잘 안단다.

하지만 우리는 인간이기에 '나'의 존재 이유를 끊임없이 묻고 탐구하지. 왜 그런 탐구를 하는 것일까? 아마도, 우리가 '의도된 목적'대로 잘 쓰이기 위해서겠지. 그러니 스스로를 벗어나 새로운 환경에서 다른 시선으로 나를 바라보는 노력이 필요하단다.

결국 '나의 경계'를 넘어야 하는 거야.
그림을 그릴 때도 가까이서만 보면 전체 구도를 놓치게 되지. 팀에서도 리더의 시선이어야 전체 구성원들의 역할을 볼 수 있듯이 자신만의 틀 안에 있으면 진짜 내 '역할'도 놓치기 쉬워. 그러니 **너도 너를 넘어서 더 큰 시야, 즉 네가 속한 우주 전체의 시선으로 너의 존재와 가치를 바라보렴.** 네가 얼마나 귀하고 유일한지... 앞서 엄마가 말한 인간의 욕구를 실현시키는 여정은 '우주의 시선'으로부터 비롯된단다.

엄마도 사실, 30년 가까이 스스로를 제대로 인식하지 못한 채, 외부의 기준에 맞춰 살아왔던 것 같아. 항공사 승무원이 되어 다양한 사람들을 만나고 세계 각국을 누비며 겉으로 보기엔 늘 새롭고 특별한 삶을 사는 듯 보였지. 하지만 엄마의 내면에는 항상 '새로움'에 대한 갈망이 있었어. 이미 충분히 새로운 삶을 살고 있었는데 왜 그렇게도 갈증이 심했을까? 새로움을 '외부'에서만 찾았던 거야. 늘 새로운 사람을 만나고, 새로운 곳에 가야 한다는 조바심이었을 수도 있어. 하지만 어느 순간, 주변에서 더 이상 새로움을 찾지 못하게 되었을 때 엄마는 시선을 더 멀리, 아직 가보지 못한 낯선 곳으로 돌렸어. 탐험하지 않았던 세계에서 '진짜 나'를 찾을 수 있을 것이라는 희망으로 말이야.

결국 엄마는 이민이라는 큰 도전을 선택했어. 우리는 뉴질랜드에 살고 있지. 하나하나 물리적 경계를 넘으며 얻게 된 건, 단지 새로운 집이나 직장이 아니었단다. 엄마가 얻은 것은 내면의 변화, 성장이었어.

먼저, **고정된 인식의 파괴를 얻었어.**
엄마는 익숙했던 한국이라는 경계를 벗어나서야 그동안 몰랐던 편협한 인식의 틀 속에 갇혔던 것을 알게 되었단다. 이곳에 와서 가장 놀라웠던 풍경 중 하나는 맨발로 다니는 사람들이었어. 공원, 놀이터는 물론, 마트나 쇼핑센터에서도 아이, 어른 할 것 없이 당당하게 맨발이었지. 처음엔 너무 낯설고 충격이었어. 그런데 더 놀라운 건, 그들을 이상하고 어색하게 쳐다보는 사람은 엄마밖에 없다는 거였어.

'맨발이면 더럽지 않을까?', 더러워지면 씻으면 그만이었는데 '맨발로 다니면 안 된다'는 엄마의 고정관념이었지. 어느 날 엄마도 용기 내어 맨발로 나가봤어. 발바닥에 닿는 풀잎과 흙, 낯설었지만 신선했고 몸과 마음은 편안해졌어.

그러면서 알게 되었지. '밖에선 꼭 신발을 신어야' 한다는 고착된 관념은 모두 엄마가 자란 사회에서 엄마도 모르게 주입된 인식이었다는 것을. 신발은 단지 발을 보호하는 것 이상으로 체면과 예의, 남들에게 보이는 겉모습이라는 것도 말이야.

이곳 사람들 대부분은 스스로에게 편한 모습을 자연스럽게 드러내며 살아가고 있었어. 옷이나 차도 마찬가지야. 여기선 그것들이 필요를 위한 도구일 뿐, 다른 사람들에게 잘 보이기 위한 과시의 수단이 아니야. 오래되고 낡은 차도 거리낌 없이 타고 다니고, 유행 지난 옷차림에도 당당함이 배어있지. 그 모습을 통해 엄마는 예전에 당연하다고 여겼던 많은 인식들이 특정 사회가 만든 문화적 관념이었다는 걸 알게 되었어. 별것 아닌 신발에서부터 새로운 사회가 지닌 다양한 기준과 시선들을 마주하면서, 인식의 틀에서 하나씩 벗어나게 되었단다. 그럴수록 생각도 행동도 점점 더 자유로워졌어.

새로운 행동은 처음에는 다소 당황스러웠지만,
그것은 혼란도 당황도 아닌,
'해방'이었어.
포장없이 있는 그대로를 당당하게 보여주는 나!
진짜 '나'로 살아가는 게 무엇인지
그때부터 다소 약하지만 분명한 울림을 갖게 되었단다.

둘째는 **무한한 가능성을 지닌 새로운 나의 발견**이야.
엄마는 엄마의 꿈과 목표를 이루기 위해 최선을 다하며 살아왔지만, 동시에 스스로 한계를 그어두고 있었단다. 외국 회사에서 일하고 싶다는 마음은 항상 있었지만, '이곳에서 학위도 경력도 없잖아', '영어 실력이 아직 모자라잖아', '나이도 적지 않은데...' 하는 마음으로 엄마의 꿈을 스스로 포기하려 했어.

하지만 그 모든 생각들이 엄마 스스로 만든 '인식의 틀'이었지. 그 인식을 내려놓자, '완벽하지 않아도 지금 가진 능력으로 할 수 있는 일을 시작해 볼 수 있겠다.'는 마음이 들었고, 그래서 시작한 일이 '자원봉사 보조교사'였어. 학교에서 일하며 이곳의 아이들은 어떻게 수업을 받는지, 학교 시스템과 교육 방식은 물론 엄마가 궁금했던 모든 것을 자연스럽게 배울 수 있었어. 그 시간은 오히려 돈을 주고 배웠어야 할 만큼 값진 경험이었단다. 그 경험을 계기로 마침내, '현지 초등학교 정식 보조교사'로 채용되었고, 이어

'ESOL Teacher'가 되었단다. 엄마가 이민 오면서 꼭 갖고 싶었던 꿈이 드디어 이루어진 순간이었지.

그때 엄마는 알았어. 꿈을 가로막았던 건 현실이 아니라, 엄마 앞에 놓인 경계를 '넘을 수 없는 한계'로 받아들인 고착된 인식이었다는 걸. 그리고 또 하나, **'내가 나 자신을 믿는 만큼, 세상은 어떤 길이라도 열어준다'** 는 사실도 어렴풋이 느꼈지. 학벌보다는 능력, 자격증보다는 경험을 중요하게 여기는 세상. 그런 세상이 엄마에겐 필요했거든.

아이야, 세상은 넓단다.
살아왔던 환경을 떠나봐.
자신의 잠재된 능력을 꺼내어 쓸 곳은 너무도 많아.

일단 경계를 넘어보렴. 그러면, 꿈에 도전할 수 있고, 스스로도 몰랐던 내면의 강인함과 유연함, 그리고 열정까지도 자연스레 드러나기 시작한단다. 낯선 곳은 의외로 네게 자신감을 줄 것이고 오히려 더 큰 도전 앞에 너를 세워 너도 몰랐던 열망을 발견하게 할 거야.

셋째는 나 자신의 정체성 회복이야.
'지구촌은 하나'라는 말처럼, 우리는 모두 지구촌이라는 하나의 공동체에 속한 식구들이지. 함께 협력하는 힘은 정말 강력해. 한 사람의 힘보다 여럿의 힘이 훨씬 크니까. '빨리 가려면 혼자 가고 멀리 가려면 함께 가라'는 말도 있지.

특히 한국은 '개인'보다는 '같이, 함께'를 큰 미덕으로 여겨. 이는 농경 사회에서 비롯된 공동체 문화가 바탕이 되었기 때문이지. 하지만 그 안에서 '개인'은 종종 희미해지기도 해. 공동체의 힘이 강하다 보니, 개인의 목소리를 내는 것이 마치 나만 생각하는 이기심처럼 보이기도 해. 그런 문화 속에서 다수와 다른 내 생각이나 의견, 내 취향을 드러내는 일은 때로 큰 용기가 필요하단다. 엄마도 그랬어. 한국에서는 다수의 시선에 맞춰 내 생각을 접고, 때로는 숨기며 살았어.

그런데 여기 사람들은 자신이 원하는 것을 자연스럽게 말하고, 서로의 스타일을 존중해. 어디서든 남의 눈치는 보지 않고, '자기 자신'을 즐기며 살아가지. 잔디밭, 바닷가에 누워 해를 만끽하고 공원, 카페 어디서나 책을 보고 음악을 들으며 자신만의 시간을 보내. 그들에게 타인의 시선은 별로 중요하게 보이지 않아. 그래서 엄마도 여기서는 **내 생각, 내 취향을 당당하게 이야기하는 것이 부끄럽거나 사람들의 눈치를 받을 일이 아니란 걸 알게 되었지.** 드디어 사회의 시선이나 남들의 시선이 아닌 오로지 엄마 자신의 시선으로 선택하기로 했어.

낯선 경계를 넘으니 엄마에겐 고요와 여유와 충만이 더해졌어.
수많은 사회적 통념과 타인의 시선을 내려놓게 되었고
고정된 생각을 해체하고, 잠재된 가능성을 발견하고
진짜 원래의 엄마 자신을 회복하게 되었단다.

이 감각적이면서 정신적인 경험들이 네게 꼭 전해주고픈 엄마의 소중한 유산이야. 너도 언젠가 네 삶의 경계를 스스로 넘어설 수 있길. 그리고 그때 지금 엄마의 편지가 너에게 깊은 이해와 동질감으로 여겨지길 바란단다.

그렇다면 이제 경계를 넘어볼까?
일단 '떠나는 거야', 익숙한 곳에서 새로운 곳으로!
짧은 여행일 수도 있고, 1년 이상 긴 머묾일 수도 있고, 완전히 새로운 장소에 정착하는 형태일 수도 있어. 보이는 환경, 즉 물리적 환경의 변화는 비물리적, 즉 정신과 같은 보이지 않는 변화를 이끈단다. 우리가 흔히 이별이나 아픔을 잊기 위해 여행을 떠나곤 하잖아. 여행 속에서 새로운 공간이 주는 낯섦과 신선함은 감정의 환기뿐 아니라 기억의 전환, 나아가 인식의 변환까지도 가능하게 해 준단다.

엄마는 여러 나라를 다니면서 한국 말고 다른 나라에서 살아보고 싶다는 꿈을 꾸게 되었어. 그렇게 뉴질랜드로 왔고 여기 사람들과 일하게 됐지. 다른 세상에서 오는 자극은 엄마 안에 잠자고 있던 꿈의 씨앗을 발견시켜 주었단다.

아이야, 일단 떠나 봐. 무엇이 네 안의 씨앗에 자극을 줄지 지금은 몰라. 그렇기에 네가 할 수 있는 일은 최대한 다양한 경험 속으로 널 진입시키는 것이야. 분명 예기치 않은 순간에 내면 깊은 곳에서 꿈틀거리는 씨앗의 태동을 느끼게 될 거야.

둘째는 '네게서 나오는 거야', 제3의 시선으로!
앞서 말했듯이 우리는 우리 자신을 똑바로 보기 어렵단다. 그렇기에 다양한 시선으로 나를 바라보는 노력이 필요해. 그중 하나가 바로 나 자신을 **'객관화'**하는 것이야. 이를 위해서는 지금의 자신에게서 나와야 하지. 무언가를 제대로 알기를 원한다면 전체를 보는 힘이 필요하거든. 그 힘은 그 '무언가'의 밖에서 봐야해. 그러니 현실의 너에게서 나와 제3의 눈으로, 그러니까 힘든 일이나 고민이 있을 때, 너를 당사자가 아닌 제3자의 입장에서 바라보렴. 그리고 '그 상황이 왜 일어난 것 같아?'하며 질문을 던져 보는 거야. 현상의 중심에서 벗어났을 때, 비로소 문제나 탐구 등 네가 알고자 하는 것의 본질을 알 수 있단다. '인생은 가까이서 보면 비극이고, 멀리서 보면 희극'이라는 위대한 예술가 찰리 채플린[3]의 말처럼 같은 현상도 멀리서 보면 다르게 보인단다.

---

3 찰리 채플린(Charles Chaplin, 1889~1977): 영국의 배우, 코미디언, 영화감독, 음악가.

'어떤 일이 옳은가?

어떤 일이 잘못된 것인가?

무엇이 선한 것이며, 무엇이 악한 것인가? (중략)

해결책은 오로지 모든 선택안, 모든 가능성, 모든 양극성이

똑같이 선하고 옳으며, 똑같이 악하고 잘못된 것으로

받아들이게 해주는 제3의 관점에 있다[4].'

이 세상 모든 것은 그 자체로서 존재할 권리를 지니고 있고 이유 없이 존재하는 것은 없단다. 그렇기에 지금 너에게 일어나는 일들도, 그 자체로 의미를 갖고 있어. 그 일들이 좋든 싫든, 곱든 밉든 모든 것을 있는 그대로 받아들이는 제3의 시야를 갖게 된다면, 스스로 설정한 경계를 허물고 더 넓은 세상과 만날 수 있을 거야.

세 번째는 '**들이는 거야**', 성현들의 가르침을 네 안으로!
엄마가 2~30대에 새로운 곳으로 떠나 물리적, 직접적인 경계를 넘었다면 지금 엄마는 책 속 간접경험을 통해 인식의 경계를 넘고 있어. 물리적인 경계를 넘는다는 것은 시간적, 경제적 제약이 있기에 수시로 행하기엔 버겁지. 또 젊고 에너지가 넘칠 때 할 수 있는 일이기도 하고. 하지만 책 읽기는 공간의 제약 없이 언제 어디서든 가능해. 매일 새벽마다 고전과 인문학을 읽으며 철학자와 사상가들을 만나고 있어. 수백, 수천 년 전부터 내려온 성현들의

---

[4] 마음과 질병의 관계는 무엇인가?, 뤼디거달케, 한언, 2015.

말 속에는 지금 시대에도 통용되는 보편적이고 범우주적인 진리가 담겨 있단다.

그렇게 매일 성현의 말들을 엄마 안으로 들이면서 엄마가 받은 가장 큰 선물은, 엄마의 깊은 내면을 단단하게 만든 것이야. 본질, 진리라 일컫는 경구들이 하나씩 엄마 안에 쌓이면서 이제 조금은 높은 시야가 뭔지 알게 된 것 같아. 단지 한 개인으로서가 아닌, 전체의 한 부분으로서 나를 바라보니 많은 것들이 해석되었어. 그 느낌은 매일 신비롭고 경이로워.

'모든 행위, 모든 생각, 모든 선택이
영원한 모자이크에 더해진다.
우리의 결정은 의식의 우주 전체에 파문을 일으켜
모두의 삶에 영향을 미친다.(중략)
우주 속의 모든 것은
다른 모든 것과 연결되어 있다[5].'

그래서 우리는 자신이 하는 말과 행동뿐 아니라 무의식 안에 있는 스스로 의식하지 못한 생각까지도 책임지고 신중하게 내보내야 하는 것이지. 나아가, 나에게만 이로운 것보다 나와 모두에게 이로운 것, 즉 **'공공선(common good)'**을 기준으로 삼아야 해.

---

5 의식 혁명, 데이빗호킨스, 판미동, 2011.

모두에서 선하고 이로운 것은 결국 나에게도 이로운 것이 되고, 반대로 나에게만 좋은 것이 모두에게 해롭다면 그건 결코 진짜 옳은 선택일 수 없으니까. 따라서, 나와 공동체 모두를 위해 이롭고 선한, '공공선'을 기준으로 삼는 것이 성숙한 선택의 기준임을 알게 되었단다. 이것 역시 성현들의 말씀으로부터 얻은 소중한 가르침이었어.

> '일어나는 일들에 대해 신을 원망하지 말라.
> 신은 고의적이든 아니든 잘못하는 일이 없기 때문이다[6].'

아이야,
네가 머무르던 곳을 떠나보렴. 새로운 환경이라는 직접경험과 책을 통한 간접경험으로 삶의 때때마다 마주하는, 그리고 이미 네 안에 존재하는 경계를 하나씩 넘어보렴.

그때 만날 거야.
진짜 너,
무한한 가능성의 너,
비로소 네 안의 강인한 힘까지.
엄마는 확신해.

---

6 황제의 철학, 마르쿠스아우렐리우스, 세종서적, 2004.

그런데 경계를 넘어설 때 꼭 기억해야 할 것이 있어. 그건 바로 네가 가진 것을 내려놓고 새로운 것을 받아들이려는 **'열린 자세'**란다. 엄마가 외국에서 살아보니, 두 부류의 사람들이 보였어. 한 부류는 기존의 것을 기꺼이 내려놓고 열린 마음으로 새로운 환경에 부딪히며 배워나가는 사람들이고, 또 한 부류는 자신이 익숙한 방식을 고수한 채 물리적으로만 외국에 머물며 변화를 받아들이지 못하는 사람들이야. 새로운 곳에서의 삶이란 단지 장소만의 변화가 아니야. 그것은 언어, 문화, 사고방식까지도 모두 새롭게 배우고 기꺼이 수용하며, 그 사회와 조화를 이루는 일이란다.

'바깥의 문이 열려 있더라도
내부의 문이 닫혀 있다면 무슨 소용이 있겠는가[7]?'

모든 것은 마음에서 비롯돼. 아무리 새로운 것을 접하고 다양한 사람들과 만나고 책을 읽는다 하더라도, 너의 마음이 닫혀 있다면, 그 어떤 것도 너에게 들어갈 수 없어. 그러니 열린 마음으로 네가 가진 기준과 방식들을 잠시 내려놓을 줄 아는 너그러움을 가질 줄 알아야 하지.

또 하나, 중요한 건 **'너 자신을 믿는 마음'**이야. 새로운 길은 언제나 두렵고 불안하지. 익숙함은 편안하고 안전해 보여. 하지만 경

---

[7] 소로우의 일기, 헨리데이빗소로우, 도솔, 2003.

계를 넘기 위해선, 네 안의 힘과 미래의 너를 믿는 것이 무엇보다 필요하단다.

'늘 다니던 길을
습관처럼 다시 밟는 것이 무슨 의미가 있을까요?
당신의 발길로 닿은 안정되고 익숙한 길에는
독사가 도사리고 있습니다.
모든 길을 낯설고 새로운 길로 만들어야 합니다.
그것이 바로 당신이 옷을 입고 밥을 먹는 이유입니다. (중략)
모험 정신을 가진 자에게는 모든 곳-런던, 뉴욕, 우스터 또는 자기 집 앞마당-이 탐험되지 않은 땅이나
나태하고 패배한 영혼에게는
심지어 북극성조차도 별볼일없는 장소일 겁니다.
그런 자들은 설령 그곳에 간다해도
그저 자고 싶고 쉬고 싶고 포기하고 싶을 것입니다[8].'

너를 믿어.
지금 네가 서 있는 그곳도 네겐 새로운 길이 될 수 있어.
매일 걷던 길 대신 다른 골목으로 걸어보는 것,
매일 만나는 사람과는 다른 부류의 사람들과 말을 섞어보는 것,
매일 접하던 익숙한 장르 말고 낯선 장르의 책이나 영화에 빠져

---

8 구도자의 편지, 헨리데이빗소로우, 오래된 미래, 2005.

보는 것.

지금 할 수 있는 소소한 것부터 해 보렴. 그 작은 시도라도 너를 낯선 세계로 이끌고, 이러한 작은 새로움의 실천들이 쌓이면, 굳이 먼 곳으로 떠나지 않아도 일상 속에서도 새로움과 가능성을 발견할 수 있을 거야. 그렇게 매일을 조금씩 낯설게 만들 수 있다면, 그것은 이미 '**너의 경계를 허문 것**'이란다.

진정한 나를 만나기 위해선, 나 스스로 설정한 경계를 넘어야 해. 그 경계야말로 진짜 나를 만나는 데 가장 큰 장애물이 되거든. 네가 그 경계를 허물고 네 안의 '**진짜 너**'를 마주할 때, 그제야 알게 될 거야.

경계는 애초에 존재하지 않았다는 것을,
그건 오직 네 인식이 만들어낸 허상이었다는 것을.

그러니 아이야,
경계 앞에서 주저하지 말고, 한 걸음씩 나아가 보렴.
그렇게 경계를 넘다 보면, 너도 몰랐던 네 안의 무한한 가능성을 마주하게 될 거야. 그 가능성은 너의 꿈을 실현시켜 주는 힘이 될 것이고, 더 큰 꿈을 꾸게 하는 원동력이 되어줄 거야. 작은 꿈은 큰 꿈을 견인하고[9], 지금의 너는 더 큰 세상이 필요로 하는 존재로 나아가게 된단다.

'살다 보면
스스로 생각하는 것보다 자신이
더 강하고 유능하다는 사실을 보여줄 기회가 온다.
상황이 제 필요에 따라 우리를 능력자로 변모시킬 때
우리의 내면에 있는 잠재성이 밖으로 드러난다[10].'

그러니,
네 미래의 가능성을 위해 네 안의 경계를 마음껏 넘으렴.
그렇게 네 안의 잠재된 힘을 꺼내렴.
세상 어디든, 언제든 떠날 수 있는 기회는
'경계'라는 '허상'을 넘을 때란다.
경계 밖에는 네 꿈이 너를 기다리고 있을 거야.

---

9 엄마의 유산, 김주원, 건율원, 2024.
10 질서너머, 조던피터슨, 웅진지식하우스, 2021.

우리의 학교

터가 막힌 곳이 없단다

운동장은 이름 모를 풀꽃이 흐드러진 들판
천장이 없는 교실은 플라타너스 나무 아래

신발 없는 발바닥으로
푸른 하늘이 열린 구름들판을 밟지

걸음 작은 보폭으로 낮은 몸을 굽히면
작고 어린 벌레들이 보이지 않는 틈으로 행진하지

작은 손바닥으로 땅을 짚고 무릎이 땅에 닿아야만
겨우 틈을 내보이는 땅

세상 높낮이로 드나들었던 바람
온몸의 내력으로 오르내린 지형의 새들
수천 마일을 다녀와도 끄떡없는 꿀벌
밤과 낮의 길이를 처음부터 끝까지 알고 있는 길

스승은 땅을 딛지 않아도
어디에나 등장하는 허공의 주인공들
스승은 땅에도 하늘에도 늘 있어서
계절 따라 질문을 부풀리지

흙을 등에 이고 누우면 별이 몰려오고
은하수가 쏟아지면 공기보다 가벼운
숨결이 공중으로 흩어지지

담도 없고
울타리도 없는
둥글게 열린 세계

우주는 우리의 학교

'의미'가 잉태되는 순간!

"엄마! 나는 5가지 빼고 다 해봤어!"

어느 날, 네가 엄마 책상에서 〈12살이 되기 전에 해봐야 할 50가지[1]〉를 보고선 이렇게 외쳤어. 엄마는 널 이렇게 자유롭게 놀게 했고 그 속에서 넌 수많은 경험을 했지. 너의 이 모든 경험이 지금 성장한 네게 충분한 양분으로 축적되어 있을 것이라 믿어. 하지만 아이야. 이러한 경험이 앞으로 너의 인생에 지속되어 습관처럼 이어지길 바라는 마음으로, 또한 '경험적 지식'이 네가 지금까지 배운 '이론적 지식'과 더불어 삶의 지혜로서 네 삶에 자리 잡기를 바라는 마음으로 이 편지를 전한다.

---

1 출처: https://www.nationaltrust.org.uk/visit/50-things
내셔널 트러스트(National Trust)는 1895년 영국에서 설립된 유럽 최대 규모의 자연 보호 자선 단체이며 '12살이 되기 전에 해봐야 할 50가지 (50 things to do before you're 11 3/4)'는 해당 홈페이지에 게시되어 있는 원문을 그대로 번역하여 실었다.

나무 알아보기 - 아주 큰 언덕에서 굴러내리기 - 자연에서 야영하기 - 나무 은신처 만들기 - 물수제비 뜨기 - 물웅덩이에서 첨벙거리기 - 연날리기 - 물고기 잡기 - 소풍 가서 음식 먹기 - 상수리 열매 깨기 놀이 - 자전거로 탐험하기 - 막대기로 놀기 - 진흙 작품 만들기 - 개울에 둑 쌓기 - 겨울 모험 떠나기 - 야생 왕관 만들기 - 달팽이 경주시키기 - 자연물 예술작품 만들기 - 물에서 나뭇잎 달리기 - 패들보드 타기 - 야생 열매 채집하기 - 멋진 버섯 찾기 - 해 뜨는 모습 보기 - 맨발로 걷기 - 자연의 소리와 합주하기 - 화석과 동물 뼈 찾기 - 별 구경하기 - 거대한 언덕 오르기 - 동굴 탐험하기 - 야외 보물찾기 여행 - 벌레와 친구되기 - 보트 위에 떠다니기 - 누워서 구름 보기 - 야생동물 추적하기 - 연못 속에 무엇이 있는지 찾아보기 - 야생동물 집 만들기 - 바위 웅덩이 생물 관찰하기 - 나비 키우기 - 게 잡기 - 밤에 자연 관찰 나가기 - 식물 키우기 - 바다에서 수영하기 - 야생동물 도와주기 - 새 관찰하기 - 지도로 길 찾아가기 - 바위에 기어오르기 - 모닥불 피워 요리하기 - 자연 일기 쓰기 - 해지는 모습 보기 - 자연의 모험에 친구 데려가기

〈 12살이 되기 전에 해 봐야 할 50가지 〉

"해봤어?"

아무리 긴 시간을 생각하고 고민해도, 제아무리 이성으로 무장해도, 아무도 반박 못 할 논리를 펼쳤어도 "그래서! 직접 해봤어?"라는 질문 앞에서 작아지는 순간. 엄마는 있었는데 너는 어떠니? 열심히 고민하고 사고하고 탐구하고 상상했더라도 **'직접' 한 것이 아니라면 결국 아무것도 하지 않은 것이야.**

그런데 "해봤어?"가 겁먹을 질문은 아니야. 결국 해답은 '그냥 해 보는 것'이거든. 하는 놈은 못 당한단다. 아이야. 그냥 해 봐. 그것이 곧 **'경험'**이란다.

"자전거 타봤어?"

지금 너는 자전거를 탈 줄 알지. 네가 자전거를 배울 때 드디어! 네발자전거에서 보조 바퀴를 떼어 내고 운동장으로 나갔어. 넘어질까 겁이 났던 너는 "놓으면 안 돼! 꼭 잡아야 돼!" 엄마, 아빠에게 몇 번이고 당부했어. 하지만 결국은 손을 놓는 순간이 온다. 엄마의 손을 믿고 천천히 페달을 돌리던 너의 속력이 빨라지면서 엄마는 몰래 손을 놓았어. 그러자 너는 스스로 바퀴를 굴려 앞으로 나갔지. 두발자전거는 서 있으면 쓰러지지만, 움직이면 넘어지지 않는다는 걸, 멈추지 않고 굴리는 것이 자전거를 타는 방법이라는 걸. 너는 그렇게 몸으로 배운 거야.

네가 자전거를 배운 것, 그게 바로 '**체험(體驗)**'이야. '몸 체(體), 시험 험(驗)'. 체험은 경험의 가장 원초적인 형태지. 말 그대로 몸으로 하는 것. 머리로만 아는 게 아니야. 손끝으로, 발바닥으로, 때로는 심장까지.

이렇게 온몸으로 해 보는(doing) 것이 체험이야.
체험은 너에게 자전거를 배우는 것과 같은 거야. 자전거 타는 방법, 자전거가 앞으로 나가는 원리를 알지? 두 손으로 손잡이를 꽉 잡고 한 발을 지면에 디딘 채 앞으로 바퀴를 굴리면서 두 번째 발을 떼서 페달 위에 얹어. 그리고 페달을 힘차게 굴려. 그러면 페달을 밟는 힘이 땅을 밀어내면서 지면과 바퀴의 마찰을 이기고 앞으로 나아가게 돼. 이때 양손과 양발의 균형을 잡으면 넘어지지 않고 앞으로 나아갈 수 있어. 자, 이렇게 자전거 타는 방법과 원리를 숙지하고, 머리로 '자전거는 균형이 중요해.'를 달달 외더라도 직접 해보지 않고는 배울 수가 없지.

학교에 다니면 '체험학습'을 가잖아. '체험학습'이라는 말은 있어도 '경험학습'이라고 부르지는 않지. 그러니 단편적이고 일회성이 강한 경험을 '체험'이라고 해. 시골집에서 고구마를 캐본 것, 맨발로 흙을 밟은 것, 롤러코스터를 타본 것... 이런 것들 하나하나가 짧지만 아주 직접적이고 생생한 체험이지. 체험은 너의 감각을 일깨워. 손과 발, 피부의 감각, 균형을 잡을 때의 느낌, 드디어 앞으로 나아갈 때 네 피부에서 심장까지 들어오는 바람의 감각, 심장이 뛰고 스스로 해냈다는 느낌까지. 체험은 그 모든 감각을 일깨워준단다. 그 감각들은 너만의 방식으로 네 몸에 기록돼. 그런 의미에서 체험은 짧고도 강렬한 '작은 경험'이야.

그럼 '경험'이란 뭘까?
'경험'의 경(經)은 길, 흐름, 시간을 의미하고,
험(驗)은 시험하고 검증한다는 뜻이야.

경험의 험(驗)자는 원래 '말(馬)'을 거래할 때 자신이 원하는 신체 조건이나 체력을 갖추고 있는지 시험해 본 것에서 나온 글자[2]라고 해. 그런데 엄마의 해석을 한 번 들어볼래?

험(驗)이라는 글자는 말 마(馬)와 모두 첨(僉)이라는 글자를 합한 것이거든. 말이 여러 곳을 들어갔다(口) 나왔다 하면서 사람(人)을 만나는 모습이야. 사람을 만나면 사건, 사태가 발생해. 상황, 사실이 만들어지지. 그러니 결국 말이 온 세상을 돌아다니듯 사람도 긴 시간 많은 다양한 사람을 만나고 겪어봐야만 경험이라 할 수 있지 않을까? 그 과정에서 누적된 몸의 체험, 들어왔다 나가는 감정, 실패와 성취라는 결과, 얻은 지식과 깨달음도 모두 경험이 되지.

---

2 한자로드, 신동윤.
　https://hanja.dict.naver.com/#/entry/ccko/24e84273497b4b7aa7c9f191fb50766d/learning

그러니까 경험은 행위에 머무른 시간, 느껴진 감각과 감정, 생각, 흔적까지 모든 것을 포함해. 결국, **체험으로 시험하고 검증하며 보낸 시간의 길이 곧 경험**이란다. 다양한 체험들이 연결되면 더 특별한 경험이 되고, 반복은 체험을 깊게 네 것으로 만들어 주고, 시험을 통한 성찰은 의미를 부여해 줘.

체험의 합에 성찰이 일어나고
그것이 연속적으로 반복되면
진정한 '경험'이 되지.
단, 그 경험이 제대로 네 삶의 중심으로 단단한 양분이 되기 위해서는 '반복'의 내용물이 중요해.

경험의 내용물이란 실험(實驗)이야.
아이야, 네가 자전거를 배우며 가장 많이 겪었던 과정이 뭔지 아니? 넘어지는, 그러니까 실패하는 것이었어. 십수 번도 더 넘어졌을거야. 무릎이 깨지고 손바닥에 피가 나고 심지어 뒹굴기도 했지. 그래도 너는 또 자전거에 올랐어.

이것이 실험이야. 가설을 세우고 검증하는 실험. 계속 넘어지던 너는 '오른쪽으로 넘어지려 할 때 오른쪽으로 핸들을 꺾으면 넘어지지 않는다'라는 가설을 세우고 그렇게 실험했더니 넘어지지 않았어. 가설이 검증된 것이지. 실험은 발견을 통해 이뤄지기도 한단다. 네가 넘어지지 않으려고 우연히 넘어지는 쪽으로 핸들을 꺾었는데 넘어지지 않았거든. 그 때 가설이 생기고 너는 반복을 통해 가설이 맞다는 것을 실험으로 증명한 셈이지.

기억해 봐. 너는 나무를 타다 미끄러져도 다시 나무에 올랐고 해수욕장 부표 부근에서 조개를 캐다가 바닷물을 들이켰어도 다시 잠수했고 텐트 치다가 망치에 손가락을 찍혀 시퍼렇게 피멍이 들어도 또 망치를 들었어. 그렇게 자연스럽게 너는 수많은 실패를 경험했고 다시 시도했어.

이렇게 실험은 '안 될 수도 있음'을 전제하지만 '그럼에도 해보는 것'이야. 실험의 전제는 불확실과 무지야. 결과가 불확실하지만 해보는 것, 알지 못하니까 알고 싶어서 해보는 것. '해보자!' 하는 순간, 그것이 실험의 시작이란다. 그리고 그 모든 실험과 그 모든 실패는 결국, 네가 알고자 하는 그것을 네게 알려주지.

그래서 엄마는 **여러 가지 '험(驗)' 중에서**
'실험'이 특히 적극적이고 용감한 단어라고 말하고 싶어.

'험(驗)'. 앞서 엄마가 '험'은 말이 여기저기 다니는 의미라고 했지? 힘들 땐 물도 마시고 잘못 들어갔다 나오기도 하는 것이잖아. 그래서 어쩌면 앞으로 나아가는 것보다 더 필요한 삶의 지혜가 되기도 해. 우리는 실험을 통해 자기 삶을 주도적으로 탐색, 탐구하게 되니까. 실패는 경우의 수를 줄이고 가능성을 키워주지. 기록하고, 비교하고, 실패하면 다시 설계할 수 있으니까. **실험은 그런 점에서 삶의 태도**이기도 해.

실험은 네가 아는 너보다 너를 잘 알게 해 줘. 자전거를 탈 때 네가 또 배운 것이 있어. 스스로 앞으로 갈 수 있게 되자마자 배워야 하는 것은 바로 '멈추는 방법'이었지? 그러니 아이야, 멈춰서도 괜찮다. 실패해도 괜찮다. 잠시 머물러 생각해도 괜찮다. **실패는 실험의 일부란다**. 그러니 너의 실험실을 '실패해도 괜찮은 놀이터'로 삼아라.

'세상에서 제일 재미난 장난감이 자기 자신이란다[3].'

자, 그렇게 너는 자전거를 혼자 탈 줄 알게 되었지. 어쩌면 한 번 시도해 보고 그만둘 수도 있었어. 그런데 너는 계속 시도하고 반복해서 드디어 탈 수 있게 되었거든. 자전거를 배우겠다고 운동장으로 나갔지만 아무도 너에게 반드시 자전거 타기 시험에 통과해야 한다고 말하지 않았어. 그 시험은 너 스스로가 너에게 부여했어. 그래서 진정한 경험을 위해 중요한 순간은 바로 **시험(試驗)**이야. 시험은 경험의 '문턱'이지.

---

3 엄마의 유산, 김주원, 건율원, 2024.

체험과 실험이 '행동'의 층위라면
시험은 '의지'의 층위란다.
너의 확신을 검증해 보려는 네 정신 속 '의지'의 층위.

너도 몰랐겠지만 **너 자신에게 부여하고 네가 스스로 경험의 '문턱'을 넘은 거야.** 그 시험은 점수를 매기지 않지만, 네 마음이 얼마나 끈기 있게 진심으로 한 가지를 해냈는지를 묻는 시험이야. 때로는 재능이나 실력을, 때로는 너의 사람 됨됨이를 위해 스스로 자격을 부여하는 과정이 시험이야. 자전거를 기술로만 탈 수 있게 된 것이 아니잖아. 끈기와 극복, 집념, 도전. 이와 같은 모든 복합적인 요소들이 자전거를 타게 했겠지. 그렇게 너는 자전거뿐만 아니라 세상에 나가서도 모든 시도(試圖) 앞에서 너를 증명하고 너를 성장시킬 수 있어. 시험에서 몇 점을 받았는지보다 그 **시험을 위해 살아낸 시간이 너에게 더 중요하단다.** 너는 스스로에게 부여한 시험을 멋지게 통과해 왔고 앞으로도 그럴 거야.

단 한 번의 체험이
계속 시도하는 반복적 실험이 되고
너 스스로 부여한 시험의 문턱을 넘어서서
진정 네 삶을 구성해 줄 경험으로 축적된단다.
삶은 경험의 총체니까.

한마디로
'경험'은 네가 해 온 체험, 실험, 시험의 총합이자 통합이란다.

이 세 가지는 다르지만 하나이지.
자전거를 처음 탄 하루의 '체험'.
자전거를 배울 수 있을지 몰랐지만 너 자신에게 감행한 '실험'.
너 스스로에게 부여한 '시험'.
체험하며 실험하고 시험된 모든 것들의 총합이 결국 하나로 '통합'되어 너의 삶을 채우는 풍요로운 '경험'이라는 내용물을 얻게 된 거야.

너는 멋지게 모든 것을 해내고 결국 누리게 되었지. 그 후로 지금까지 수십, 아니 수백 번 자전거를 타고, 여기저기 돌아다니며 자전거는 너의 일부가 되었지. 자전거를 통해 도전도, 반복의 가치도, 넘어진 아픔을 이겨내는 힘도, 자부심도 모두 배웠어. 체험으로 시작되어 경험에 이르면 결국 '경험을 누리는 삶'이 된단다.

몸으로 배운 것은 몸이 기억한단다. 자전거를 오랫동안 타지 않았어도 금방 다시 탈 수 있는 것처럼 몸으로 배운 것은 머리가 잊어도 사라지지 않아. 세포 곳곳에 스며들어 있지. 그래서, **경험은 몸의 기억이야.**

백문이 불여일견(百聞이 不如一見),
백견이 불여일각(百見而 不如一覺),
백각이 불여일행(百覺而 不如一行[4]).
백 번 들어도 한 번 보는 것만 못하다는 뜻은 알거야.
근데 다음 말이 더 중요하단다.
백 번 보는 것이 한 번 깨닫는 것만 못하고,
백 번 깨닫는 것이 한 번 행하는 것만 못하다.

손을 대고, 몸을 쓰고, 실수하며, 반복하는 것이 경험의 시작이야.
그러니, 글만으로 배우지 말고 몸으로 배워라.
직접 해 보아야 '안다'고 말할 수 있어.
직접 해 보아야 '네 것'을 만들 수 있어.
네 인생을 너의 손으로, 너의 발로, 너의 심장으로, 너의 모든 감각으로 배워라.

그것이 진짜 삶이야!
그것이 진짜 살아있는 것이야!
그것이 진짜 너의 삶이 될 것이고!
아이야. 경험의 '경(經)'은 길이고 흐름이고 시간이라고. 그건 머무른 시간, 지나간 감정, 스쳐 간 생각, 한 단계 성장한 정신과 정신의 흔적까지 모두를 포함하는 것이라고 거듭 말하고 싶어. 경험

---

4 한서(漢書), '조충국신경기전(趙充國辛慶忌傳)', 반고.

의 '험(驗)'은 네가 지나온 모든 것, 모든 곳이야. 지나고 보면 모두가 체험이고, 실험이고 시험이야. 결국 우리는 이 세 가지를 순환하고 반복하면서 성장하는 거야.

반복하면 된다.
넘어져도 좋다.
실패해도 되고.
멈춰도 괜찮다.
중요한 건 '계속 집적거리는⁵' 것이야.

'의미'는 '하는' 순간, 이미 잉태된 것이란다.
그러니 계속 집적거려라.
그러면 '의미'는 '재미'가 된단다.

계속 반복하면 양만 쌓이는 것이 아니라 질적인 변화가 일어나. 질적 변화, 화학변화는 일정한 양의 축적과 누적이 가져오는 변화란다. 계속 반복하면 제자리걸음인 것 같아도 어느새 도달해 있지.

>'때론 우리 앞에 아주 긴 도로가 있어.
>너무 길어. 도저히 해낼 수 없을 것 같아.
>이런 생각이 들지. (중략)

---
5 질서너머, 조던피터슨, 웅진지식하우스, 2021.

한꺼번에 도로 전체를 생각해서는 안 돼. 알겠니?
다음에 딛게 될 걸음, 다음에 쉬게 될 호흡,
다음에 하게 될 비질만 생각해야 하는 거야.
계속해서 바로 다음 일만 생각해야 하는 거야.
그러면 일을 하는 게 즐겁지. 그게 중요한 거야.
그러면 일을 잘 해낼 수 있어.
그래야 하는 거야.
한 걸음 한 걸음 나가다 보면
어느새 그 긴 길을 다 쓸었다는 것을 깨닫게 되지.
어떻게 그렇게 했는지도 모르겠고,
숨이 차지도 않아. 그게 중요한 거야[6].'

너는 10이 좋아? 1이 좋아? 너무 이분법적이고 초등학생 같은 질문이었다면 엄마가 미안. 10이 많고 다양해서 더 재미나 보이기도 하겠지만 무언가를 반복할 때 **1의 중요성**을 알아야 해.

예를 들면 이런 거야. 기억하니? 네가 초등학생 때 고구마 캐기 체험을 다녀와서 시시하다고 말한 적 있지? 넌 그보다 어릴 때 씨앗을 심고 물을 주고 배추벌레를 일일이 손으로 잡아주면서 배추를 수확한 경험이 있어. 그렇게 씨앗부터 열매까지 모든 과정을 다 겪은 너로서는 단순한 '고구마캐기'가 시시했을 수 있지.

---

[6] 모모, 미하엘엔데, 비룡소, 2015.

하지만 그 '1'에 해당하는 단편적 체험이 깊이 이뤄지면 얕은 1~10까지의 체험만큼 중요할 때도 있단다. 그래야 깊은 '경험'이 되는 것이야. 그렇게 그 '전체로서의 10'이 하나가 되어 결국 그 분야의 장인이 된단다.

아이야. 앞으로 더 많은 경험을 하게 되겠지. 하지만 너에게는 이미 많은 경험이 축적되어 있단다. 그 경험들을 잊지 않고 어른이 되어서도 이어가길 바라며 특별히 세 가지 경험을 당부하려고 해. 그것은 자연 경험, 몰입 경험, 관계 경험이란다.

첫째는 **자연 경험**이야.
매일 짧은 순간이라도 하늘을 바라봐.

하늘에는 가림막이 없단다. 온몸으로 내리쬐는 햇살과 몸을 스쳐 가는 바람과 비와 눈, 그것들이 보내는 온도와 습도. 그 모든 감각을 온몸으로 느끼렴. 나들이길에 만나는 풀과 나무와 꽃들, 곤충과 작은 동물들을 보고 듣고 만져봐. 어릴 때 그랬던 것처럼 봄에는 아름드리나무를 껴안고서 물을 빨아올리는 소리가 나는지 조용히 귀 기울여보고, 여름이면 가슴팍에 매미 허물을 브로치처럼 달아봐. 가을이면 낙엽을 모아 멋진 만다라를 만들고, 눈이 오는 겨울이면 눈에 등을 대고 누워 천사가 되어봐.

자연과 세상은 연결되어 있어. 세상은 결코 자연의 순환을 거스를 수 없거든. **계절과 절기에 따라 태양의 고도가 바뀌고 바람의 온도와 습도가 달라지는 것이 아니라면, 하루하루가 새로운 날이라는 걸 무슨 수로 알 수 있을까? 바깥 공기만큼 너희에게 살아 있다는 감각을 일깨워주는 존재는 없어.**

누군가는 매일 똑같은 나들이, 매일 그렇고 그런 자유 놀이가 뭐 그리 큰 의미가 있냐고, 그 시간에 미래를 위해서 뭔가를 배우는 게 낫다고도 하지만 천만에. 자연에서보다 더 많은 것을 느끼고 배우긴 어렵지. 그저 하늘 한 번 올려다보는 것으로도 충분해. 자연 속에 잠시 머무르면서 너도 위대한 자연의 일부라는 걸 온몸으로 느껴봐. 자연이 너라는 존재를 자신의 일부로 허락하며 하나가 됨을 느낄 거야.

> '모든 생명의 안식처인 자연이 동트고 있었고,
> 자연은 아무것도 묻지 않고
> 평온하고 만족스러운 표정으로
> 나의 넓은 창문을 들여다보았다.
> 자연과 여명, 질문의 해답은
> 내가 깨어나기를 기다리고 있었다[7].'

---

[7] 월든, 헨리데이빗소로, 펭귄클래식코리아, 2025.

둘째는 **몰입 경험**이야.
무엇에든 미쳐 봐.

어릴 때 놀이에 미쳐 보지 않은 사람은 아마 없을 거야. 축구든, 마법 천자문이든, 큐브든, 해리포터든. 놀아본 놈이 놀 줄 안다고, 넌 이미 '놀이'의 DNA를 지니고 있단다. 논다는 건 미친다는 것이거든. 엄마는 네가 8살 때 큐브 6면을 맞추던 장면을 잊을 수가 없어. 너는 밤이고 낮이고 큐브만 돌렸어. 대단한 집중이고 엄청난 '몰입(flow)'이었어. '다른 일에는 아무 관심이 없을 정도로 지금 하는 일에 푹 빠져 있는 상태', '이 상태를 지속하기 위해 어지간한 고생도 감내하면서 그 행위를 하게 되는 상태[8].' 그게 몰입이라는데, 네가 그때 딱 그랬어. 몰입해서 무한 반복하다가 몇 개월 후 드디어 큐브 6면을 완성하고는 엄마에게 신나게 뛰어왔을 때, 그때 엄마가 본 너의 눈빛은 '기쁨', '경이로움' 그 자체였단다. 기쁨과 행복의 눈빛이 어떤 빛이냐고 묻는다면 바로 그 순간을 떠올릴 거야.

영상 콘텐츠 소비에 쉽게 중독되는 시대,
가상 세계로 실제 경험이 사라지는 시대,
검색과 AI로 스스로 사고하는 힘이 소실되는 시대야.
어린 시절 몰입과 행복의 경험은 아주 보배로운 경험으로 네 인생

---

8 몰입, 미하이칙센트미하이, 한울림, 2004.

의 고비마다 단단한 뼈와 근육이 되어줄 거야.

셋째는 **관계 경험**이야.
타인과의 관계 경험 속에서 기분보다는 태도를 정해 봐.

여럿이 하나를 괴롭히거나 극단적 폭력 상황에는 도움이 필요할 거야. 어울리지 말아야 할 사람도 분명히 있지. 그런데 사실, 관계의 갈등과 어려움은 대부분 극단적인 경우보다는 평범한 사람들 사이에서 벌어지는 평범한 일들로 인해 일어난단다.

사실 누군가가 너를 불편하게 하면 안 보면 그만일 수도 있어. 그럼에도 우리는 항상 관계에 대해 고민하고 해결하는 과정을 반복해. 사회 속의 관계란 자기 뜻대로만 할 수 없기에 풀기 힘든 숙제 같은 것이거든. 그래도 관계 속에서 만나는 누군가와 갈등도 겪어 보고 화해도 해보고 관계의 변화를 위해 애써본 것은 무척이나 소중한 경험이란다. 지금 많은 아이들은 보호와 정성과 교육 속에서 아동기와 청소년 시절을 보내지만 정작 배워야 할 관계의 태도는 충분한 경험으로 배우지 못하는 것 같아.

아이야. 사회는 크든 작든 공동체로 구성되어 있고, 때로는 불편하거나 부당한 일들을 뜻하지 않게 당하게 된단다. 그럴 땐 어떻게 해야 할까? **관계에서 중요한 것은 너의 기분에 따라 행동하는**

것이 아니라 네가 올바르다고 여기는 태도에 따라 행동하는 것이야. 너의 감정을 소중하게 여겨야 하지만 그것이 네 태도의 전부여서는 안 될 것이야. 공동체 안에서 가해 행위와 피해자가 발생했을 때 주변 사람들이 못 본척하면 가해 행위에 손 들어주는 것과 같다는 걸 너는 이미 알지. 우리는, 방관자가 되지 않았지. 입을 모아 '멈춰!', '옳지 않아!'를 외칠 때 피해자뿐만 아니라 우리 모두를 보호할 수 있다는 것을 배웠어.

아이야.
어른이 된 지금도 그때의 너를 떠올리고
부당한 일에 방관자가 되지 않기를 바란다.
주변의 눈치를 살피며 비굴해지지 않기를 바란다.
권력에 꼬리를 내리는 비겁한 어른이 되지 않기를 바란다.
우울함에 빠져 도와 달라는 신호에 외면하지 않기를 바란다.
어려서부터 관계에서 배운 것들을 어른이 되어 만나는 공동체 안에서도 드러내는 너이길 바란다.

아이야. 엄마 책상에 해가 바뀌어도 바꾸지 않는 달력이 하나 있잖아. 그 문구로 엄마가 하고 싶은 말을 대신할게.

'사람'으로 읽어도 좋습니다.
'삶'으로 읽어도 좋습니다.

사람의 준말이 삶이기 때문입니다.

우리의 삶은 사람과의 만남입니다.
우리가 일생 동안 경영하는 일의
70%가 사람과의 일입니다.

좋은 사람을 만나고 스스로 좋은 사람이 되는 것이
나의 삶과 우리의 삶을
아름답게 만들어가는 일입니다[9].

자연 경험, 몰입 경험, 관계 경험.
이 모든 경험은 네 몸 곳곳에 세포로 새겨져 네 인생의 온전한 그림으로 그려질 거야.

아이야. 경험은 최고의 스승이다[10].
아이야. 지혜는 경험의 딸이란다[11].

그러니, 아이야.
삶의 의미는 '경험'으로부터 잉태되고 배양된단다.

---

9 '사람과 삶', 2022 서화 달력, 신영복.
10 토머스 칼라일(Thomas Carlyle, 1795 ~ 1881) : 영국의 평론가, 역사가.
11 레오나르도 다빈치(Leonardo da Vinci, 1452 ~ 1519) : 이탈리아의 예술가.

의존하지 않는 것은 자립이 아니라 자만이야

두 세상.

한 사람이 두 세상을 산다는 게 믿어지니? 엄마는 요즘 마치 전혀 다른 두 세상을 살고 있는 것처럼 느껴져. 태어나 죽기까지 한 세상을 사는 것이 인생인데 엄마에게 왜 이런 느낌이 드는 걸까? 처음 이 곳 낯선 환경에서 신체적으로 무너지고 정신의 힘도 약해져 결국 한국에서 3년간 가족들의 도움을 받으며 머물다 다시 이곳에 돌아오니, '의존'만 하던 엄마가 '자립'해야 할 지금이라서 아마 두 세상을 사는 것처럼 느껴지는 것 같아. 엄마는 여전히 관성대로 '의존'하려 하지만 이제 엄마에게 필요한 것은 '의존'이 아니라 **자립(自立)**이라고 자각했거든.

엄마는 네가 태어나면서 위대한 생명의 힘을 느꼈지만 정작 너를 키우는 시간들이 엄마에게 버거웠던 것도 사실이야. 이 모순을 가만히 들여다보니 한 인간으로서 제대로 자립하지 못했던, 즉 '의존'만 했던 엄마의 과거가 보였단다. 혼자 서야 할 때 끊지 못한 의존은 엄마를 약하게 만들었고, 의존해야 할 때 제대로 의존하지 못해서 결국 스스로 설 수 없었지.

자립과 의존.
'자립을 위한 의존, 의존을 딛고 일어선 진정한 자립'
이 아이러니를 오늘은 말해보려 해.

자립은 '스스로 서는 힘'이야. 무언가에 기대지 않고 혼자 힘으로 서는 것이지. 그런데 자립은 어느 날 갑자기 이루어지는 게 아니더라고. 수많은 '의존'을 지나야만 비로소 가능한 것이었어. 그것은 약하거나 부끄러운 것이 아니라 의존해야 존재(存)할 수 있는 인간의 너무나 자연스러운 상태란다. **누군가에 기대는 시간은, 결국 다시 홀로 설 수 있는 기반**이 되어주거든. 엄마는 너를 키우면서 이 사실을 더 깊이 이해하게 되었어.

의존(依存)은 '다른 것에 의지하여 존재하는 것',
의지할 의(依)는 사람(人)이 옷(衣)에 의지하는 모양이야. 어렸을 적 너는 혼자 옷을 입겠다며 이리저리 시도했어. 단추를 잘못 끼우고 바지를 거꾸로 입고 앞뒤가 뒤집어지고 어디든 손이나 다리를 넣었지. 그때 엄마가 옆에서 도와주자, 몇 번의 시도와 반복 끝에 어느 날 너는 도움 없이 혼자 옷을 입게 되었어. 네가 수영을 배울 때도 마찬가지였어. 처음엔 물에 적응한 후 튜브를 이용해 물에 뜨는 감각을 익혔고, 점점 보드를 잡고 발차기를 하며 물 위에 머무는 방법을 배웠어. 그러다 어느 순간, 도구 없이 너의 두 팔과 다리로만 물살을 가르며 수영을 하게 됐지. 이 과정 속에서, 의존은 결코 너를 약하게 만든 게 아니었잖아. 오히려 실패하고 의지했던 시간들이 너의 자립을 위한 과정이었지. 이렇게 **의존은 자립의 전제**가 되는 것이야.

우리는 누구나 법적으로 성인이 되면 부모나 양육자로부터 육체적, 심리적, 경제적으로 독립해야 해. 그때부터는 어떤 선택이든 스스로 책임져야 하지. 세상에 나가 스스로 서기까지 우리에겐 고작 20년이라는 시간이 주어져. 지금 엄마 세대는 100세 시대를 살고 있지만, 2015년 이후 태어난 아이들은 142세[1]까지 살 수 있다고 해. 142세라면 남은 120년을 온전히 스스로 살아가기 위해 생의 7분의 1, 약 14%에 해당하는 시간을 어떻게 보내야 할까?

바로 충분한 '**의존**',
진정한 자립을 위해 의존해야 할 시기에 충분히 의존해야 한단다.

---

1 미국 시사주간지 '타임즈', 2015년 3월호.

우선, 아래 그림을 한 번 보렴.

〈 양극성[2] 〉

이 그림을 보니 뭐가 보이니? 흰색과 검은색이 다르게 보이니? 흰색을 보면 사람 얼굴이, 검은색을 보면 꽃병이 보이지? 이 그림은 양극성을 알 수 있는 유명한 그림이야.

'이 그림에서 흰색 극은 검은색 극에 의존하고 있으며, 또 그 반대가 되기도 한다. 이 그림에서 한쪽 극을 제거하면 두 모습을 가진 그림 전체가 없어진다. 여기서도 들숨이 날숨에 의해, 전기의 양극이 음극에 의해 유지되는 것과 마찬가지로 검은색은 흰색에, 전경은 배경에 의존하고 있다.[3]'

---

2 마음과 질병의 관계는 무엇인가?, 뤼디거달케, 한언, 2015.
3 마음과 질병의 관계는 무엇인가?, 뤼디거달케, 한언, 2015.

자립과 의존도 마찬가지란다. 영아기에는 엄마가 젖을 주지 않으면 살 수 없어. 완전한 의존의 시기야. 아기는 엄마 품에서 먹고, 자고, 싸며 살을 찌우고 조금씩 성장하지. 충분히 의존하는 그 상태가 바로 '자립'의 시작이야. 4,5세 대상관계가 시작되는 유아기에 제대로 의존한 유아는 독립적인 아동이 되고, 다시 새로운 의존을 시작해. 초등학교 1학년이 되면, 또 다른 방식의 의존이 필요하잖아. 이렇게 우리는 **'의존하고 자립하고, 다시 의존하고 또 자립하는'** 순환을 반복해.

청소년 시기는 어떨까? 육체적으로는 혼자 어디든 갈 수 있고, 정서적으로도 사회 안에서 관계를 맺을 수 있지만, 정신적으로는 여전히 많은 것을 배우고 의존해야 하는 시기야. 이 시기에는 스스로 '나는 누구인가?', '나는 어떤 삶을 살고 싶은가?'에 대한 나만의 정체성을 고민하게 돼. 그래서 역사적으로 위대한 인물들을 탐구하고, 그들의 삶에 기대어 배워나가. 그렇게 과거의 인물들에게 의존하여 '삶'을 배우고, 현실에서는 부모나 교사, 멘토에게 의지해 '앎'을 채워가지. 이러한 의존을 통해 세상을 바라보는 자기만의 시선과 가치관을 확립하며, 점차 '현실의 삶'을 위한 자립을 준비해 가는 거야.

이처럼 매시기마다 충분히 의존해야 해. 그래야 다음 단계로 건강하게 넘어갈 수 있고, 각 단계에 주어진 역할을 온전히 수행할 수 있단다. 문제는 각 시기에 충분한 의존이 이루어지지 못할 때야. 감정적으로 제대로 채워지지 않은 결핍은 차후 성인이 되어서도 의존 욕구를 엉뚱한 방식으로 보상받으려 하고 정신적으로 채워지지 않은 결핍은 삶을 왜곡된 방향으로 이끌 수 있단다.

그러나 어떤 시기에 충분한 의존과 자립이 함께 이루어지지 못해도 괜찮아. 의존할 때 제대로 의존하지 못해 자립이 늦어져도 괜찮아. 다시 도움을 받아 나아가면 되니까.

그리고 **아무리 만반의 준비를 한다 해도 삶은 늘 예측을 넘어서는 순간이 찾아온단다.** 모든 것을 다 갖춘 사람도 어느 한 사건에 휘말려 모든 것이 다 무너지기도 하고 건강했던 사람이 갑작스러운 사고로 휠체어 신세를 지기도 해. 돈과 명예, 인기까지 가진 유명인도 생각지 못한 작은 일로 이뤄놓은 모든 걸 잃기도 해. 그런 예상치 못한 순간에, 다시 의존의 시간을 가지면 된단다.

그 시간은 나약하게 기대는 시간이 아니야.
자기 안의 힘을 다시 모으는 시간이고,
부러진 나무가 다시 뿌리를 내리게 보호받는 시간이며,
바닥난 생명력이 차곡차곡 쌓이는 축적의 시간,
다시 일어나기 위해 에너지를 충전하는 시간이야.

물론 성인이 되면 진정한 독립과 자립을 해야 해.
아니, 해내야만 해.

하지만 **성인이 되어서도 의존이 필요할 때가 있어.** 인생이라는 방대한 경험의 바다 속에서 배워야 할 것들을 충분히 의존하며 배우는 어른만이 진짜 자립할 수 있단다. 그래서 '성인이 된 이후에도 반드시 의존이 필요한 순간'을 세 가지로 나누어 볼게.

첫째, '도전' 앞에 섰을 때야.
삶은 매 순간 도전의 연속이지? 스포츠에 도전하고 새로운 커리어에 도전하고 낯선 환경에, 낯선 사람에, 낯선 고민에. 낯선 감정에, 그리고 낯선 모든 것에 항상 도전하고 도전받게 돼. 이럴 땐 반드시 누군가에게 배우고, 의지하며 시작해야 한단다. 아무리 다른 분야에서 성공한 경험이 있어도, 처음 접하는 일 앞에서는 초심자의 마음으로 내려놓고 배워야 해.

분석심리학의 창시자 카를 융은 '바보'를 대속자(代贖者, 흠결 하나 없는 온전한 사람)의 전신(前身)으로 봤어. 처음 배우는 사람은 마치 바보처럼 서툴고 어색할 수밖에 없지. 하지만 그 바보 같은 초심을 받아들이고 차곡차곡 실력을 쌓아갈 때 어느새 우리는 한 단계씩 성장해 장인의 길까지 도달하게 되는 것이야. 오늘의 초보자가 내일의 명인이 되는 것[4]이지.

엄마는 뉴질랜드에 처음 이민 왔을 때 그랬어. 언어부터 생활 방식, 문화, 심지어 운전 방식까지 모든 게 달랐지. 왼쪽 주행과 오른쪽 운전석, 예약제 의료 시스템, 개인주의적 생활태도까지... 모든 걸 하나부터 다시 배워야 했지. 처음에는 '왜 이렇게 느릴까?', '왜 이렇게 비효율적일까?' 싶었어. 그들의 문화를 이해하기보다, 한국에서의 익숙한 방식으로만 보려 했기 때문에 불편하고 비효율적으로만 느껴졌던 거야.

하지만 엄마는 초보자이고, 여기서는 이제 겨우 한 살이라는 마음으로 배우기 시작하니 조금씩 이해됐어. 그들의 규범, 가치, 방식에는 그만한 이유가 있었고, 그 안에 녹아든 그들만의 질서와 존중을 알게 되었지. 그렇게 이곳의 생활 방식에 맞추어 의존하여 배우다 보니 엄마를 힘들게 했던 것들이 더 이상 힘들지 않고 어느새 그들의 삶 속에 자연스럽게 스며들고 있었지. 그리고 어느 순간 이곳에 발을 딛고 조금씩 뿌리를 내려가고 있는 엄마 자신을 발견하게 되었단다.

둘째, 신체나 정신이 무너졌을 때야.
우리는 발목만 살짝 삐어도 누군가에게 의존해야 해. 단순한 일상

---

4 질서너머, 조던피터슨, 웅진지식하우스, 2021.

부터 불편하니까. 정신도 마찬가지야. **우울증이나 공황장애**처럼 눈에 보이지 않지만 깊은 어둠에 빠졌을 땐, 반드시 누군가에게 기대야 해. **정신적인 어려움**은 겉으로 드러나지 않기 때문에 스스로 말하지 않으면 주위에서도 알기 어려워. 더구나 약한 자신을 들춰내기 버거운 데다 '이 정도는 혼자 이겨내야지' 하는 책임감까지 들면서, 스스로 감당하려 애쓰게 되지. 이렇게 정신적인 부분에는 사회적인 관념도 한몫해. '스스로 이겨내라'는 말을 많이 하는데, 실은 스스로 이겨내기 위해 의지할 대상에게 기대고, 점진적으로 내 힘을 길러나가는 과정이 필요하거든. **아무리 어른이라도 깊은 우울감은 처음 겪는 낯선 감정이라서 그 속에서 나오는 법을 하나 하나 배워가야 해.**

엄마는 너를 낳고 난 뒤, 정신과 육체가 동시에 무너졌단다. 산후조리를 제대로 하지 못한 채 낯선 외국에서 혼자 너를 돌보는 일이 매우 벅찼어. 체력은 점점 고갈되어 가는데, '아직 누워서 나에게만 의존하는 이 아이를 내가 돌보지 못하면 어떡하지?'라는 생각이 엄마를 점점 압박했지. 급기야 그 부담감은 극도의 스트레스와 불안감으로 엄마를 덮쳐 숨이 쉬어지지 않고, 가슴이 조여오며 쓰러지기를 반복하게 되었단다.

급히 가족이 있는 한국으로 돌아갔지만, 엄마는 그 시간에도 온전히 의존하지 못했어. '내가 쉬는 사이 누가 너를 돌봐주지?' 하는

불안, '다른 누군가가 너를 과연 잘 돌볼까' 싶은 **의심**, '이 정도면 혼자 다시 할 수 있겠지' 같은 **자만**이 오히려 회복의 시간을 방해했지. 육체와 정신을 회복하고 배우면서 충분히 널 양육할 체력을 비축했어야 할 기간에 큰 과오를 저지른 것이야. 결국 엄마를 도와준 주위 가족들의 도움과 희생을 헛되게 만들었고 엄마 스스로도 충분히 회복되지 않았고 너도 제대로 돌보지 못했어. 그때 엄마는 알게 되었어. **의존해야 할 때 의존하지 않는 것은 '자립'이 아닌 '자만'이라는 것을.**

셋째, 모든 것이 한순간에 무너졌을 때야.
내가 공들여 쌓아 온 것들이 예상치 못한 사건으로 한순간에 무너져 내리기도 해. 홍수, 태풍과 같은 자연 재앙일 수도, 사고일 수도 있어. 매체를 통해 우리는 너무 자주 접했지 않니? 자연재해로 집과 일궈온 논, 밭까지 다 망가지고, 비행기 사고로 사랑하는 가족을 한꺼번에 잃은 경우들을 말이야. 돈, 명예, 인기, 모든 걸 가진 사람들도 예상치 못한 사건이나 과거의 잘못으로 인해 한순간에 모든 걸 잃을 수 있어. 이때 주위에 도움을 구하지 못하고 잘못된 선택을 하는 경우도 있단다.

최근에도 그런 일이 있었지. 세상의 주목을 받았던 여배우가 꽃처럼 활짝 피어야 할 나이에 삶을 스스로 포기했어. 그보다 앞서 한 중년 남자 배우 역시, 휘몰아치는 사건 앞에서 스스로 생을 마감

했지. 그들은 누구보다 악착같이, 스스로의 힘으로 사회에 자신의 존재를 드러낸 사람들이었어.

모든 것이 무너져 내렸을 때 그들이 극단적인 선택을 한 이유가 무엇일까? 남들이 하나도 제대로 이루지 못한 많은 것을 이미 이뤄낸 그들이 자립을 하지 못해서였을까?

아니야.
그들이 하지 못한 건 '자립'이 아닌 '의존'이었던 거야.

너무 큰 책임과 시선을 혼자 감당해야 한다는 압박 속에서, "나 좀 도와줘"라고 외칠 용기를 내지 못했던 것은 아니었을까? 우리는 어른이 되면 자립해야 하고, 다른 사람의 도움 없이 혼자 서는 것이 책임감이라고 배웠기에, 정말 힘든 순간에도 도움을 요청하는 일이 쉽지 않아.

그래서 '의존'하지 않아.
내가 약한 사람처럼 보일까 봐.
내 책임을 회피한다고 오해받을까 봐.
힘없는 존재로 평가받을까 봐.
그래서 주저하지.
하지만 그러지 말아라.
결코, 그래선 안 돼.

도움이 필요한 순간에는 반드시 도움을 청하고 의존해야만 해.

아이야, 정말 힘들 때엔...
흩어진 정신을 다시 세우기 위해,
무너진 감정을 다시 다듬기 위해,
흐려진 영혼을 다시 정화하기 위해.
그렇게 바닥난 에너지를 다시 채우기 위해,
지금 자신을 누군가에게 잠시 위탁시켜야만 해.

그것은 다른 사람을 귀찮게 하고, 자신의 허약함을 보이는 민망한 못난 모습이 아니야. 엄마가 아기에게 젖을 물리기 위해서 먼저 엄마가 잘 먹고 건강해야 해. 비행기 위급상황에서도 산소마스크를 가장 먼저 써야 하는 사람은 바로 '승무원'이야. 엄마가 충분히 의존해서 스스로 먼저 채워야 아이의 의존을 감당할 수 있고, 훈련받은 승무원이 자기부터 먼저 챙겨야 승객들을 위급상황에서 구조할 수 있는 것이야.

그렇기에 의존이 필요한 순간 도움을 청할 줄 아는 **'지각 있는 용기'**를 가지렴. 나부터 바로 세워 상대를 세우고 사태를 바로잡으렴. 이것이야말로, 삶의 변화와 도전에 자발적으로 맞서는 자세, 나의 두려움과 결함을 직시하고 멈추지 않고 나아가는 **'진정한 의존의 힘'**인 것이지.

인간의 의식 수준을 분석한 데이빗 호킨스는 의식 수준을 0부터 1000까지로 나누었단다. 이 의식지도에서는 임계적 반응점을 200수준으로 측정하는데, 그 지점이 온전성과 용기가 결합된 수준이야. 그 이전의 의식은 '두려움이나 분노 등 생존 욕구에서 일어나는 에고중심적 충동으로 작동하지만, 사람이 부정적 영향력과 긍정적 영향력 사이의 분계선을 넘어 용기로 진입하면서 타인의 안녕이 점점 더 중요해지게 된다[5]'고 해.

바로 그 **'용기'**의 힘이, 부정을 긍정으로, 힘없음을 힘있음으로, 나약을 강함으로, 즉 '의존'을 '자립'으로 향하게 하는 에너지야. 그러니 세상을 살다 희망이 사라지고, 슬픔과 좌절로 마음이 무기력해지고, 몸과 마음이 무너져 내려 의존이 필요하다 판단되면 주저하지 말고 용기를 내 주위에 도움을 요청하렴.

내가 무너졌으니 나 좀 일으켜 달라고,
내가 넘어졌으니 내 손 좀 잡아달라고,
내가 혼자 있을 수 없으니 내 옆에 있어 달라고.
그렇게 목청껏 소리 지르렴.

너의 목소리에 누군가가 발걸음을 멈추고 너를 바라볼 수 있게.
잠시 세상에 들른 마음 약한 신이 너를 일으켜 줄 수 있게.

---

5 의식혁명, 데이빗호킨스, 판미동, 2011.

우주가 다시 너의 존재에 빛을 보내 너를 지켜줄 수 있게.
용기 내어 손을 내미는 의존이 다시 일어설 자립의 시작이란다.

그렇다면 의존을 어떻게 해야 할까?
무엇보다도, 건강한 방식으로, 기꺼이, 감사한 마음이어야 해. 도와주는 상대에게 스스럼 없이 기대야 해. 도움에 대한 '불안이나 의심', 그리고 도움 없이 혼자서 할 수 있을 것이라는 '자만', '너무 신세를 지는 건 아닐까' 하는 '부담'까지도 모두 내려놓아야 한 단다.

엄마는 그걸 잘하지 못했다고 이야기했지? 그건 의존의 자세를 알지 못했기 때문이야. 지금 나는 아무것도 모르고, 아무것도 할 수 없다는 자세, 그저 어린아이처럼 순수하게 의지하고 어린아이처럼 배워야 해. 만약 형식적으로 도움받는 척하거나 겉으로만 수용하는 태도를 보인다면, 결국 다시 처음으로 돌아가. 그건 마치 모래성처럼 쉽게 무너지고, 계속 의존을 반복하는 악순환이 되어버릴 수 있어. 게다가 널 지탱해 준 이들의 정성과 시간 모두를 가치 없게 만들어버릴 수도 있어. 그리고 충분히 의존한 뒤, 혼자 설 수 있게 되었을 때는 **'감사의 자세'**를 잊지 말아야 해.

마지막으로 엄마가 꼭 하고 싶은 말은
'자립과 의존'에도 경계, 즉 선(線)이 있다는 것이야.

그 선은 바로

'이제는 스스로 할 수 있겠다는 내면의 신호가 느껴질 때'야.

충분히 의존하고 나면, 네 안에서 작고 단단한 힘이 느껴질 거야. '모든 생명은 하나의 생명체로써 스스로 살아갈 힘을 본유(本有)하고 있어[6].' 그 힘은 우리를 치유하고 다시 일어서게 하는 생명력이지. 그 힘이 느껴진다는 건 이제 스스로 서야 할 때가 왔다는 신호야.

그때가 오면, 이제는 네가 의지하던 것들을 하나씩 놓아야 해. 비록 처음에는 아쉽고 두렵더라도 스스로 서야 할 땐 서야 해. 그래야 네 안의 에너지가 점점 더 단단해지고, 그 힘으로 삶의 어떤 위기의 순간에도 스스로 헤쳐나갈 수 있지. 나아가 누군가가 의지해도 괜찮은 네가 되고 말이야.

'스스로 할 수 있는데도 계속 남에게 의존한다면, 그것은 단순한 의존이 아니라 자신의 임무를 남에게 떠넘기는 책임 회피이며, 일종의 정신 질환[7]'이래. '의존은 자립하기 위해서 반드시 필요한 충분조건이지만, 그와 동시에 다른 사람에게 과도하게 그리고 나이에 맞지 않는 방법으로 의지한다면 그것은 경멸의 대상[8]'이고.

---

6 엄마의 유산, 김주원, 건율원, 2024.
7 아직도 가야할 길, M.스캇펙, 율리시즈, 2023.
8 자아와 방어 기제, 안나프로이트, 열린책들, 2015.

자립할 수 있음에도 의존하는 것은
정신질환이자 경멸의 대상이다...

엄마는 이 문장에서 한참을, 아니 며칠을 엄마를 돌아보게 되었고 진정한 자립을 위해 스스로 일어설 정신을 챙기기 시작했어. 정신적으로 독립할 수 있는 나이가 되었음에도 지속적으로 타인에게 기대려는 성향은 결국 자신의 성장을 방해할 뿐 아니라, 타인에게도 해가 되는 것이란다.

그래서 정말 중요한 건, **언제 의존해야 하고, 언제 스스로 서야 하는지를 분명히 아는 거야. 그 선을 잘 지키는 것이 바로 온전한 자립의 기준이란다.** 엄마는 네가 의미 있는 의존을 통해 건강하게 성장하고, 결국엔 너 자신을 바로 세워서, 너만의 자리를 굳건히 지켜내리라 믿어. 나아가 너의 자립이 너를 넘어, 주변 사람들에게, 그리고 세상에 선한 영향력으로 퍼져 나가기를 진심으로 바라고 믿는단다.

인생이 들려주는 노래

죽도록 아플 때 아파해라
아프지 않다 애써 말할 필요도 없고
나는 괜찮다 안심시키지 않아도 된다
그냥 지금 내 상태를 솔직하게 직면해라
욕을 하고 싶으면 욕을 하고 화가 나면 화를 내라

슬프면 슬픈 대로 마음껏 울어라
애써 흐르는 눈물 막을 필요 없고
터져 나오는 흐느낌 삼키지 않아도 된다
그냥 울음이 멈출 때까지 눈물은 흘려보내고
울먹임은 소리 내어 터뜨려라
누가 들을까 봐 볼까 봐 관심 두지 마라

마음에 기쁨이 솟아오를 때 환호해라
웃음이 나면 얼굴이 망가지도록 웃고

환성이 커져도 머뭇거리지 말고 질러대라
기쁨의 향연이 멈추지 않도록 몸으로 환영해라
누군가 옆에 있다면 함께 축제의 춤을 추라

즐거움이 밀려올 때 집중해라
무엇이 이토록 설레게 하는지
온 에너지를 쏟아부어도 힘들지 않은지 알아보아라
이 만큼은 양보하지 않고 즐길만한 이유가 있다면
충분히 누릴 필요가 있다

아픔 너머 기쁨이 싹을 틔우고
슬픔 너머 즐거움이 꽃을 피우는 신비
지금은 아픔이나 지나 보면 기쁨이고
여기가 슬픔이나 그때는 즐거움인 고백
고통과 아픔이 분노하고 올 때
즐거움과 기쁨을 다시 노래할 수 있는 감사

지금은 희미하나
지나면 거울처럼 생생해지는 그것

엄마의 든든한 충복을 소개할게!

사람들은 부(富)를 원해. 더 많이 가지려 하고 더 높이 오르려 하고 더 많이 모으려 하지. 인맥 부자, 학력 부자, 자격증 부자, 경제적 부자! 가능한 한 충분히 지니는 걸 좋아해. 잉여(剩餘)일 때 무엇이든 나눌 수 있으니까.

그런데! 결코 잉여가 불가능하다고 오해받는 '부'가 있어.
천만에! 이것도 잉여를 만들 수 있고,
맹세코! 이것의 잉여는 다른 부를 더 크게 창출시킬 수 있단다.

바로 시간이야.
결코 남들보다 많이 소유할 수 없고, 적게 소유할 수도 없다고 여기는 시간!

과연 '시간의 잉여'는 존재할 수 없을까?

어떤 경우에도 시간은 모을 수 없을까?

일을 많이 하고도 시간이 남는다면 얼마나 좋을까?

모을 수 없다고 단정 짓는다면, '핑계'이자 '자기합리화'에 불과해. 과제를 못 하면 잠을, 잠을 못 자면 업무 시간을 탓하는 것과 마찬가지야. 결국엔 회사에 화살을 돌리고 마는 **'밑돌 빼서 윗돌 고이는 식'**이지.

엄마는 '시간에 쫓긴다'라는 표현을 자주 했었어. 하지만, 결코 시간은 엄마를 쫓지 않았어. 시간은 자신을 과하게 부풀리거나 모자라게 덜어내지 않거든. 시간에 압박받던 엄마가 이젠 말할 수 있어. 능력과 체력과 정신력으로 시간의 잉여를 만들 수 있다고 말이야. 시간을 모으는 건 누구나 할 수 있어.

아이야, 주변을 둘러보렴.

24시간이라는 하루를 사람들이 어떻게 분절(分節)시켜 사용하는지 봐봐. 누군가는 24시간을 제대로 쓰지도 못하고, 누군가는 세 번에 나누어 쓰고, 누군가는 두 배로 늘려서 쓰잖아. 엄마와 새벽 독서를 하는 작가 대부분은 출근 전 5~7시 사이에 독서하고, 퇴근 후 7~9시 사이에 또 독서하고 글을 써. 하루를 세 번 나누어 쓰는 **'시간 부자들'**이야. 물론, 아침저녁이나 점심시간을 알뜰하게 나눠 쓰는 사람도 아주 많지. 지금 시대는 호기심 거리, 배울 거리, 일거리가 백배 천배 더 분화된 세상이잖아. 46억 년 지구 역사에서 시간은 변함없는데, 시간의 가치는 높아졌어. 그러니, 시간의 잉여를 갖는 사람은 그만큼의 '한 차원 높은 삶'으로 빠르게 전진하겠지!

'시간은 칼과 같아서, 그것을 자르지 않으면 당신을 자른다'라는 말이 있어. 아랍 속담이야. 시간을 허투루 쓰고 잘 지켜내지 못하면 네가 잘리는 것이고, 시간을 잘 나눠 쓴다면 네가 시간을 자를 수 있다는 말이야. 네가 잘리든 네가 자르든. 여하튼 가볍게 다뤄서는 안 되는 존재가 바로 시간이지. 살아가면서, 속담이나 격언과 같은 경구들이 크게 마음에 와닿을 때가 있잖니. 시간에 쫓기던 엄마에게는 이 속담이 살벌하게 다가왔어. 마치 시간이 엄마를 자르려고 칼을 들이댄 느낌이랄까.

시간과 엎치락뒤치락하면서 엄마는 쫓기고 눌리고 싸우느라 만신창이가 되어 있었거든. 이런 말 있잖니. 시간과의 사투! 칼만 안 들었을 뿐이지, 엄마가 딱 그런 상황이었어. 넌 어떠니? 학교 시험에 자격증 시험, 취업 시험을 준비하면서, 무섭게 달려드는 시간을 실감한 적 있을 거야. 시간을 이겨내려고 절절맸던 경험, 누구나 있잖아. 우리는 할 일이 많아서 시간을 배분하고, 인맥이 중요해서 시간을 투자하고, 실력이 필요해서 시간을 저축하는 '시간에 민감한 사회'에 사는 것은 틀림없어.

하지만, 겁먹지 않으려고.
왜냐면!
엄마는 '시간지기'를 고용했거든!

시간지기?
엄마의 '시간'을 지켜줘서,
아니 '시간의 잉여'를 만들어줘서 그렇게 이름 붙인 것이야.

시간지기는 모든 '감각과 기준'을 오로지 '엄마의 시간'에 두고 있어. 중요한 일이 있을 때 가장 먼저 귀띔해주고, 엄마가 넋 놓고 있을 때 엄마의 정신에 '몽둥이찜질[1]'을 하지. 시간지기는 정신에 있어선 '역적'이야. 엄마에게 있어선 사리 판단 잘하고 충심 가득한 충복이고! 얼마나 충직하면 충복으로 명명(命名)했겠니? 얼마나 믿음직스러우면 엄마의 시간을 몽땅 맡겼겠니? 이 든든한 충복을 네게 정식으로 소개해 볼게.

시간지기는 말이야.
결단코, **'중요한 일'**을 제쳐두고 다른 일을 하지 않아.
'맡은 일'이 끝날 때까지 무엇과도 타협하지 않아.
'해야 할 일'을 실행하는데 흔들리지 않아.

---

1 나는 무엇을 아는가, 몽테뉴, 동서문화사, 2005. '말 안 듣는 정신에는 몽둥이찜질이 필요하다. 이렇게 제대로 풀어지고 터지며 빠져서 부서져 가는 통은 망치로 때리고 두드려서 조여야 한다.'

엄마의 정신이 '알짜'들을 하찮게 만들도록 놔두지도 않아. 그래서, 엄마는 시간지기를 충복으로 고용한 거야. 언제까지냐고? 엄마의 인생 항해(航海)가 끝날 때까지. 연봉? 없어. 성과급? 그런 거 없어. 휴가? 없는데.

시간지기를 고용하는 방법은 아주 간단해.
원하는 것을 주고 받으며 거래하면 돼.
엄마는 '엄마의 시간'을 지켜달라고 했고,
시간지기는 자신이 원하는 것을 달래.
'나태와 핑계나 자기합리화'.
시간지기가 왜 실속없는 것을 모으는지 잘은 모르겠지만 아마도 인간의 몸과 마음을 파괴하는 습관을 모으라는 '사명'을 받은 것 같아.

근데 있잖아, 거래하려는 순간, 엄마는 망설여지더라. 그동안의 나태와 핑계가 편했거든. 다 주고 나면 일상이 고단할 게 뻔한데, 시간지기는 고용하고 싶고 말이야. 엄마의 생각을 꿰뚫고 있는 시간지기를 만난 것은 분명 '운명'이었어. 거래를 저울질하면서 마음이 갈팡질팡했는데, 곧 몸에서도 신호가 왔어. 온전한 의미를 몸소 느낀 것이지. 엄마 안에서 간절함이 **'아우성'** 쳤고, **'더운 피'** 가 끓어올랐고 인생의 지푸라기를 잡을 **'악력'** 도 솟았어. 그렇게, 둘만의 거래가 성사된 것이야.

엄마의 시간을 지켜주는 대가로
신의 부름을 받아 인간의 나태와 핑계를 모으는 그에게
엄마의 나태와 태만, 핑계 모두를 줘버린 것이지.

엄마를 잘 아는 너는 묻겠지?
관성을 쉽게 바꿀 수 있겠냐고.
물론이고 말고. 바꿀 수 있어!
지나간 시간을 만회할 수 있느냐고?
그럼 그럼, 그만큼을 만회하는 데 시간을 쏟을 거야.
무리하게 거래했다가 후회하지 않겠냐고?
아니, 놓치면 오히려 후회하겠지.

성장의 시작은 변화잖아,
시간지기를 고용하자마자 엄마는 여러모로 바뀌어 갔어.

첫째, 먼 미래 어느 순간에 엄마가 공들인 모든 시간이 '신의 심판대에서 공정하게 평가[2]'받을 것이라 확신했어. 시간지기와 거래를 해버렸으니 더는 '시간이 부족해', '시간이 없어서'와 같은 핑곗거리로 합리화할 수 없잖아. 둘째, '현재에 닥칠 위험에서 벗어날 수 있도록 가장 효과적[3]'으로 도움받는 사람이 됐어. 행동과

---

2 무지의 구름, 작가 미상, 바오로딸, 1997.
3 키루스의 교육, 크세노폰, 현대지성, 2023.

말이 일치하니 '간절한 꿈'을 향해서 직진만 허용하게 됐지. 셋째, 마음의 여유로부터 정신의 강인함과 넉넉함을 백배 이백 배로 되돌려받고 있어. 넷째, '삶의 완전한 향유[4]'를 꿈꾸게 되었고, '삶을 견디고 버티는 사람이 아니라, 삶을 지키고 누리는 사람. 질질 끌려가는 것이 아니라 삶을 끌고 가는 사람[5]'으로 삶의 사고방식이 바뀐 것이지.

고로, 시간지기는 엄마의 **'자족감[6]'**을 키워준 일등 공신이야.
'영속하는 부의 샘물[7]'을 충복으로 소유한 키루스처럼,
'신들의 발길질 앞에서도 끝까지 굴복하지 않는 정신[8]'을 충복으로 소유한 니체처럼,
'허벅지살을 도려내어 국을 끓여 바친 개자추(介子推)[9]'를 충복으로 둔 중이(重耳)처럼.
시간지기는 엄마에게 헌신하는 든든한 충복이야.

정말이지 나태와 핑계와 자기합리화가 없는 일상이 얼마나 커다란 '삶의 진전'과 '신뢰'를 가져다주는지 엄마는 몰랐어. 시간지기는 굳어진 관성을 버리고, 새로운 습관을 만들 수 있게 엄마를 도

---

4 고독의 권유, 장석주, 다산책방, 2012.
5 고독의 권유, 장석주, 다산책방, 2012.
6 자족감 (自足感) : 스스로 넉넉하게 여기는 느낌, 표준국어대사전.
7 키루스의 교육, 크세노폰, 현대지성, 2023.
8 차라투스트라는 이렇게 말했다, 프리드리히니체, 책세상, 2000.
9 동주 열국지, 풍몽룡, 글항아리, 2015.

왔고, 쓸모없이 허비한 시간에 '필요하고 소중한 것'에 집중하도록 엄마를 이끌었지. 아주 **위대한 거래**였어. 덕분에 엄만 **'시간절약, 시간창조, 시간지배의 아이콘'**이 된 것 같아.

이렇게나 시간지기가 믿음직스러운데, 사람들은 도대체! 왜 충복이 없을까? 이유는 단순해. 거래란 것은 서로의 협의로 이루어져야 하거든. 서로가 충분하게 만족스러워야 하잖아. 시간지기는 결코 에누리가 없어. 나쁜 습관들을 깎아주면서까지 거래하지 않지. 치밀하고 깐깐하고 정확해서 결코 쉽게 거래를 트지 않거든. 누구에게나 충복이 되어줄 순 있어도 아무하고나 충복 관계를 맺지 않지. 시간지기는 **'독(毒)이 아닌 득(得)이 되는 사람'**을 선택하고, 상대도 득이 되도록 관성을 변화시켜 버리거든.

너도 꼭 시간지기를 충복으로 거느리렴. 네 정신을 장악하는 나쁜 습관들을 꺼내놓기만 해도 시간지기는 득달같이 달려올 거야. 네가 어릴 적 좋아했던 쿵푸팬더[10]의 '마스터'처럼 냉철하고 지혜롭고 책임감이 강하거든. 어찌 되었든 충복으로 거느린다면 '시간의 놀라운 힘'을 얻을 수 있단다.

어떤 힘이냐면 먼저, **'과거를 보고 읽는 힘'**이야.
시간지기는 엄마의 시간을 철저하게 지켜준다며, 자기가 없던 시

---

10 Kung Fu Panda는 미국의 애니메이션 영화로 자이언트 판다 포가 쿵푸를 힘겹게 배우고 새로운 적과 만나 싸우는 과정을 그렸다.

절의 엄마를 글로 써보라고 했어. 덕분에 잠시나마 나태와 변명에 빠졌던 엄마를 바라보면서, 나약하기 그지없던 엄마의 정신과 만났었지. 습관이 어떻게 정신을 서서히 길들였는지도 알게 되었어. 엄마의 약한 절실함 때문에 목표 의식은 흐렸고, 행동력이 부실했던 것이었어. 간절했던 꿈마저 점점 잃어갔지. 시간지기와 함께 하며 비로소, 시간지기가 엄마에게 어떤 기여를 했는지 보이더라구.

과거를 냉철하게 바라보고
현재의 행동을 변화시켜
미래를 볼 수 있는 혜안을 갖게 한 것이야.

게다가 **'쓴맛을 삼킬 줄 아는 힘'**도 생겨.
사람들은 요즘 '습관 챌린지'를 많이 하더라. 해야 할 일과 하고 싶은 일을 가득 적어놓지. 무엇이 긴급하고 중요한지 고려하기보다 '하고 싶은 일'에 의욕을 불태우잖아. 막상 며칠 하다가 압박감에 시달리고, 정작 해야 할 일을 놓치곤 해. 자유를 뺏기면서 말이야. 선택은 '하고 싶은 일'이 먼저가 아니라, '해야 할 일'이 먼저거든. **찰나의 단맛은 현재에 머무르지만, 억겁의 쓴맛은 미래에 다다르지.** '쓴맛'을 마땅히 삼켜내는 정신은 시간지기가 엄마에게 주는 선물이야.

그거 아니? 자유를 뺏긴 사람들은 진정한 자유를 원하지 않는다는 거. 가져보지 못한 것은 원해야 하는 줄 모르거나 원하면 안되는 줄 알거나. 알지 못하는 음식은 먹고 싶다는 생각조차 못 하는 것이잖아. 자유를 가져본 적 없는 사람은 자유를 갈망하지 않지. 자유를 포기한 사람도 더 이상 자유를 그리워하지 않아.

시간지기를 처음 고용했을 때 엄마가 그랬어. '자유'라는 궁극의 가치 앞에서 그냥 속수무책이었단다. 주어지는 대로 살면서, 힘들 때 나태했고, 싫을 때 핑계 댔어. 이런 엄마가 시간지기에게 나태와 핑계를 몽땅 줘버리고 나니 엄청난 **'시간의 잉여'**가 생긴 것이야. 자유와 맞바꿀 '그 무엇'을 몰라서, 포기하고 살았던 엄마에게 자유가 생긴 것이지. 시간지기로부터 **'쓴맛을 삼킬' 힘**을 키우고 **누리게 된 것은 바로 '자유'**였어.

긴급하고 중요한 일을 실행하는 시기와
'어디에나'와 '무엇이든'을 버릴 줄 아는[11] 용기와
'맺고 끊음'에 대한 확실한 동기를 주었지.
유한한 시간을 분별력 있게 사용하기 시작하면서부터 말이야.

또 어떤 힘이냐면, **'스스로 움직이는 힘'**이야.
중요한 것을 확보하기 위해서지. 새벽 5시, 시간지기는 두 시간만

---

11 무지의 구름, 작가 미상, 바오로딸, 1997.

큼은 책을 읽으라고 했어. 잠꾸러기인 엄마 앞에 딱 버텨주니까 초집중할 수 있었어. 일단은 책상 앞에 앉아 병렬 독서하는 습관이 저절로 들었지. 점점 끈기도 생겼어. 벌써 5개월째야. 이제 깊이 있는 사유의 힘도 생기고. 초심(初心), 초집중(超集中), 초연(超然)해지는 감각도 싹트는 것 같아. 책의 저자와 같은 글을 쓰고 싶다는 목표도 생겼지. 엄마는 머리로만 알고 있던 **'처음의 초(初), 초석의 초(礎), 뛰어넘을 초(超)'**의 의미를 진정 알게 된 것 같아. 사실상 부담스러웠어. 힘이 들 것이 충분히 예상됐으니까. 하지만 시간지기와 동행하면서 혼자서는 도저히 해낼 수 없는, 그러면서도 엄마가 꼭 가지고 싶은 것을 더욱 갖고 싶어졌어.

**초지(初志)를 품게 한
초월(超越)적 존재 앞에서
초자아(超自我)에 다다르기 위해
초인적(超人的)인 정신으로
초석(礎石)을 다지는 삶.**

매사에 이러한 자세를 엄마의 '중심'에 담고 싶었어. 담기기만 한다면 어떤 경우에도, 무엇 앞에서도 흔들리지 않을 테니까. 그런데, 이런 간절함은 비단 엄마만 품은 것은 아닐 거야. 너 그리고 우리가 향해 있는 '거래의 지향점'이 아닐까 싶어!

시간지기는 이 간절함과 절박함을 실천으로 이끌어준단다. 엄마의 변화, 엄마의 도약, 엄마의 내공은 모두 시간지기 덕분이라 할 수 있어. 원래, 깨달음이란 누가 주는 것이 아니라 스스로 깨우치는 것이잖아. 평소, **중요한 것을 확보하는 '적절한 타이밍'**을 알도록 시간지기가 엄마를 지켜줘서 가능한 일이었어. 해결사도 이런 해결사가 없고, 마스터도 이런 마스터가 없고, 천사도 이런 천사가 없지.

하지만, 천사도 화를 낸다는 사실! 언젠가 신의 의도를 무시하거나 불순종할 때, 신의 대리인인 천사가 경고와 심판을 한다는 이야기를 들은 적이 있어. 엄마도 한때 신의 의도를 무시해서, 엄격하게 심판받을 때가 있었거든. '글래디에이터[12]' 영화의 검투사처럼 말이야.

시간지기는 24시간 엄마가, 일할 때, 책을 읽을 때, 운동할 때, 잠잘 때 '시간의 검투장'을 열어. 엄마더러 치열하게 싸움을 벌이래. 일과 책과 운동과 잠과 한바탕 온당하게 싸우면 되는 거래. 그 말은 **'할 때 제대로 하라'**는 것이잖아. 시계가 없는 곳에서도 엄마의 일상을 지켜보는 일은 시간지기의 바람직한 고집이야. 만약, 검투장에서 '제대로' 싸우지 않으면 시간지기는 공의(公意)를 어겼다

---

12 영화 글래디에이터(Gladiator, 2000, 리들리스콧 감독, 러셀크로우 주연) : 검투사의 공정한 심판 : 마르쿠스 아우렐리우스의 충복 막시무스와 결투하는 검투사에게 내려지는 심판.

고 판단해. '제대로 생각할 줄 안다는 게 얼마나 뛰어난 재산[13]'인지, 제대로 싸운다는 게 얼마나 가치 있는 행위인지, 엄마한테 제대로 알려주었지. 언제나, 스스로! '어떤 전략'으로 싸울지 도모해야 해. 시간지기는 그저, 엄마의 시간을 묵묵히 지키면서, 엄마가 자각하고 변화되길 기다려.

이같은 사실을 너무 잘 알면서도 얼마전 엄마는 땡땡이를 부렸었어. 시간지기의 존재를 알면서도 나 몰라라 하며 한참을 놀았지. 시간지기는 엄마를 심판대에 올릴 것처럼 냉랭했지만 호통치지는 않았어. 더 무서웠어. 얼마나 무서운 벌이었던지, 엄마의 불안하고 조급한 감정을 사정없이 헤집어 놨어. 집중이 필요한 때 버텨주지 않았어. 새벽 독서를 해야 하는데 도대체가 집중할 수 없었지. 생각 속에 한참 빠져서 결국 2시간을 소모해 버렸단다. 역시 시간지기는 무엇과도 타협하지 않았어. 엄마도 한 고집하지만 시간지기의 고집은 엄마보다 더했어. 그런데도, 오래도록 함께 하는 비결은 이런 **타협 없는 고집** 때문이기도 해.

지켜준다는 것은 뭘까? 남이 훔쳐 가지 못하게 감시하고, 훼방 놓지 못하게 방어하고, 훼손되지 않게 책임을 다하는 것이잖아. 어떤 식이냐면, 빗장 두 개를 들고 엄마를 따라다녀. 그리고 빗장을

---

13 오이디푸스왕, 소포클레스, 민음사, 2009.

여닫는 '패합술[14]'을 부리지. '패'는 열어서 개방한다, '합'은 닫는 다는 뜻이야. 열고 닫는 데에도 도(道)가 있다는 패합술! 무언가를 지킨다는 것은 **'지켜야 할 것'을 위해서, 닫아야 할 것을 닫고 열어야 할 것을 여는 책임감**인 거야.

어떠니?
시간을 지켜주는 시간지기.
시간지기 덕분에 엄마가 평화로워 보이지?
빗장을 들고 있어 겁날 게 없어 보이지?

하지만, 시간지기도 두려워하는 대적이 있어.
호시탐탐 시간지기의 마을을 노리고, 전쟁을 일으키는 그 대적은 바로 **'나태함'**과 **'조급함'**과 **'압박감'**이야. 물론, 엄마는 시간지기와 협동작전으로 이 녀석들이 언제 출몰할지 알게 되었고 대비도 할 수 있어.

먼저, **'나태함'**이야.
나태는 이미 시간지기에게 다 줘버렸는데도 너무 질긴 생명력과 자생력 때문에 걸핏하면 나타난단다. 마치 '실새삼' 같아. 이 녀석은 기생식물인데 초록으로 보이는 식물만 보면 덩굴처럼 몸을 칭칭 감아서 기생에 성공하면 자기 뿌리를 스스로 잘라버려. 그리

---

14 귀곡자, 공원국/박찬철, 시공사, 2023.

고 그 식물의 영양분을 쪽쪽 빨아먹지. 나태가 꼭 그 녀석 같아. 뿌리가 없기 때문에 완전히 제거하기도 힘들어. 엄마의 어딘가에서 기생하면서 다시 뿌리를 내리고 엄마의 양분을 빨아먹고 있을지도 몰라.

나태는 조금만 허술해져도 무조건 기생해. 세상에는 유혹과 비교의 함정들이 곳곳에 있잖아. 엄마는 눈앞을 현혹하는 허상을 피해야 하고, 마음이 동요되는 허풍을 피해야 하지. '자기 절제를 통해 때가 오면 더 많은 양의 즐거움을 누릴 수 있도록 자신을 준비[15]' 해야 해. 하지만, 과식과 과한 정보와 과한 약속으로 엄마의 의무를 저버릴 때, 나태는 실새삼이 돼. 그런데도, 시간지기는 엄마의 시간을 지키는 사명을 다해. 두려운 것은 두려워할 때, 다시 나타난다는 심리를 잘 알고 있어. 시간지기는 지지 않기 위해 적과 싸워. 말 그대로 제대로 싸우지. 자신을 이기는 사람이 강한 사람이라는 진실을 깨닫도록 끝까지 싸워줘.

그다음 대적은 **'조급함'**이야.
시간지기가 잘 버티고 있는데, 엄마가 목표한바, 이루고 싶은바, 지향하는 바가 가까워졌다고 착각할 때 나타나. 말하자면, 해야 할 의무를 건너뛰고 싶고, 작은 것보다 큰 것을 바라고, 노력보다 더 나은 결과를 원하는 '엄마의 경솔하고 살짝 자만한 속내'가 비

---

15 키루스의 교육, 크세노폰, 현대지성, 2023.

칠 때 쳐들어오는 대적이야. 시간지기는 '백전백승하려면 조급해하지 않아야 합니다'라고 엄마를 타일러. '이 정도면 괜찮겠지'하고 엄마가 우쭐하거나 '이 정도면 다 되었어'하고 방심할 때 된통 혼을 내. 미흡하면 완성도가 떨어진다고 하잖아.

그런데 말이야, '전쟁은 졸속이라 할지라도, 빨리 끝내야 한다[16]'는 말처럼 미흡할지라도 빨리 끝내야 할 때도 있어. 속전속결(速戰速決)이라는 말 있잖아. 조급함은 때로 급박함을 나타내기도 하니 말이야. 이럴 때, 시간지기는 '시간의 주도권'을 엄마에게 넘겨. 잡고 놓아주는 때를 잘 포착해야 하거든. 시간지기는 시간의 본질을 아주 중요시해.

이번 대적은 **'압박감'**이야.
자신을 믿으라며 묵묵히 지켜주는데도 엄마가 애면글면할 때 쳐들어오지. 하지만 시간지기만 있으면 압박감이 아무리 무기를 휘둘러도 이겨낼 수 있어. 시간지기가 압박감과 싸워줄 때 엄마는 오로지 정신의 창조물인 목표에 일관성을 두게 해. **'목표와 시간이 한 길'**로 합쳐지는 걸 철칙으로 여기자고 서로 합의되어 있거든.

엄마가 세상을 위해 무엇을 **'한다라는 마음'**보다 **'쓰인다라는 목적'**을 깨달을 때, 압박감은 패자요, 시간지기와 엄마는 승자가 돼.

---

16 손자병법, 손자, 범우, 2016.

'찾는 나무가 없어 나무를 보는 족족 퇴짜를 놓는 친구에 비해, 완벽한 지팡이를 만들어 내고도 늦지 않은[17]' 한 노인처럼, 목표에 대한 엄마의 믿음과 의지를 지키도록 도와주지. 시간지기는 시간 속에 존재하는 목표를 위해서, 겁쟁이 엄마의 시간을 지배하려는 '압박의 감정'을 떼어 버려.

이쯤 되니, 시간지기가 지혜로운 존재인 건 분명하지? 전쟁에서 싸워 이기려면 계산을 잘해야 하잖아. 엄마를 위해서 전쟁도 불사하는 시간지기. 너도 '삶의 여정'을 지켜주는 시간지기를 꼭 충복으로 두렴. 인생의 숙제에 집중하고, 선택한 역할에 충실하도록 호위받기를 바란단다.

문득, 엄마에게 헌신하는 시간지기를 위해서, 엄마도 뭔가를 돕고 싶다는 마음이 들었어. 곰곰이 생각해 봤는데 두 가지 방법이 떠올랐어. 먼저 쉬운 방법이야. **시간지기를 따라 그저 걷는 것이야. 묻거나 따지지 말고.** 어느 한 시점이라도 듬성듬성 넘거나 주저앉지 않아야 해. 가는 길마다 '편안한 방석이 아닌 발판[18]'으로 생각해야 하지. 방석 위에 안주하는 찰나, 시간지기는 핑계 같은 근성을 자루에 담느라 바빠지거든. 그럼, 엄마는 계약위반이 되잖아. 어렵게 맺은 계약을 깨지 않기 위해서라도 엄마는 시간 앞에

---

17 월든, 헨리데이빗소로우, 민음사, 2019.
18 구도자에게 보내는 편지, 헨리데이빗소로우. 오래된 미래, 2005.

버텨주는 충복의 말을 잘 따라 줘야 해. 넉넉하고 강인한 정신을 제대로 갖추었다면, 시간지기의 발자국을 따르는 일은 문제없어.

다음은 어려운 방법이야. 엄마의 정신이 해이해질 때를 대비해야 하지. 시간지기는 갑자기 안경을 쓰는 순간이 있거든. 엄마의 '옥에 티'를 잡아내려고 말이야. 어느 한순간이라도 눈을 떼지 않아. 한번은 엄마에게 나쁜 습관이 나타날 때가 있었어. 피곤하다면서 종일 휴대전화를 보며 게을리 보냈어. 그때, 시간지기는 엄마의 행동에 빗장을 닫았어. 철커덩하는 소리에 뜨끔했지만, 싹을 틔운 자기합리화에 유혹되어, 잠도 안 자고 손에서 놓지 못했어. 시간지기는 다섯 번, 열 번 빗장을 닫았지. 엄마가 그만둘 때까지. 시간을 손해 본다고 느낄 때까지 말이야.

나태와 핑계, 게다가 대적들까지 한꺼번에 엄마의 정신을 점령하려 할 때, 엄마는 그제야 깨달았어. 시간지기의 충심을 잊었던 것이지. 충복의 역할을 방해하다니. 엄마는 '거래의 매너'가 빵점이었던 거야. 시간지기로부터 날벼락이 떨어지려던 찰나, 엄마는 서둘러 휴대전화를 치우고 정신에 몽둥이찜질을 해댔어. 누구도 아닌 엄마의 정신이 해이해졌으니, **나약한 정신의 '관성'이 남아 있는지, 정직한 발자국을 내는지 수시로 돌아봐야 해.**

시간지기가 평생 따라다닌다고 하니, 숨이 막힐 것 같니? 실은 하도 따라다녀서 엄마도 못 본 척하고 싶었던 때가 있었어. 꼭 해야 하는 일을 미루려고 했었거든. 한가지 간파한 점을 말해 줄까? 엄마가 중요하고 긴급한 일을 등한시할 때, 시간지기는 눈치를 심하게 줘. '나는 당신의 집중력을 시험하고 있습니다' 하고 말이야. 엄중한 일이 '먼저'라는 '절대적 가치'를 소홀히 한 엄마를 용서하지 않았어.

요 며칠 전의 일이야. 엄마가 글이 잘 써지지 않아 '활자 블랙홀'에서 헤매고 있었거든. 집중은 커녕 매일 쓰는 데도 처음 쓰는 사람처럼 허술하고, 멋만 내는 것 같았어. **문제는 정신이었어.** 엄마만의 논리로 글 속에 함몰되는 상황이었지. 독자에 대한 배려가 부족했고. 한참 동안 시간과 글과 실랑이를 벌이느라 시간을 허비했지. 시간지기는 또 한 번 호통을 쳤어. '정신이 둘, 셋으로 갈라져 버렸습니다' 하고 말이야. 눈치의 경고장을 내밀었어. 지금 정신이 갈라지면 되겠느냐고 말이야.

그리고는 '시간의 군집[19]'을 선포했어. 무시무시한 **'시간의 군집령(令)'**을 말이야. 어느 정도냐면 시간과 글과 실랑이를 벌이는, 그 주변 시간까지 군집시켰어. 실랑이를 벌이는 시간을 더 넓게 시커멓게 물들였어. 금세 끝나지 않았고, 활자로 분한 검투사들이 사투를 벌일 지경이었어. 엄마의 머릿속은 아주 사달이 났었지. 시

---

19 시간의 군집 현상, 김주원, 브런치스토리, 2005.

간의 군집은 '데드라인'을 만들어버려. 갑자기 느닷없는 일들이 터져서 시간의 압박을 마구 당하게 되거든. 엄마가 행한 대로 대가를 치른 것이야, 엄마가 시간지기를 위해 존재하는 것이 아니라, 시간지기가 엄마를 위해 존재한다는 것을 뼈저리게 느낀 날이었어. 엄마는 시간지기에게 사과한 후에야, 혼돈에서 겨우 벗어날 수 있었어. 그때, 후회를 떠안고 엄마 내면의 '무질서'를 정리했지. 온통 검투장으로 얽혀있던 상황을 정돈해갔어. 마음의 평화가 절실했거든.

하지만 이렇게 반성하고 자각하면 기가 막힌 '시간의 군집'을 선물로 받는단다. 오로지 원하는 것을 할 수 있게끔 엄마를 방해하는 것들이 서서히 사라지면서 '원하는 것을 할 수 있도록 시간이 군집'되어 버려. 시간의 군집도 이런 양면성이 있더라구. 지금 생각해도 두려운 시간의 군집령을 이겨내기만 한다면 진짜 보석같은 시간의 군집 현상을 경험하게 된단다. 역시, 깨달음은 스스로 겪어나갈 때 찾아왔어.

초월적인 시간을 '지키고 가꾸는 일'이
삶의 초석을 세우는 것이고,
엄마의 가능성을 극한으로 이끄는
'초인적인 경지'에 다다를 수 있다는 깨달음!
엄마는 초심으로 돌아가서,

글에 초집중하게 됐고,
유혹에도 초연해졌어.

엄마에게 '시간지기'는 아주 소중해. 유한하고 공평한 '시간'은 말할 것도 없지. **시간만 잉여로 만든다면 '원하고 바라는 삶'으로** 더 나아갈 수 있잖아. 인생이 다한 지점, 신의 심판대에서 공정한 평가를 받을 그때를 위해서라도 엄마는 시간을, 시간지기를 충실히 따르고 더욱 더 귀하게 여길 거야.

삶은 항해사(航海士)로 살아가는 것이더라. 태어난 순간에 출항하는 것이지. 어디서 순풍을 만나고 어디서 역풍을 만날지, 어디서 정박해야 하고 어디서 정박하면 안될지 모르는 일이야. 여전히 엄마는 다가올 인생이 궁금하고 불안하고 또 기대돼. 그래서 거듭 진심 바란단다. 네 '인생의 시간'을 시간지기와 함께 하렴. 그래야 시간을 허투루 쓰지 않고 정신의 넉넉함과 '너의 삶'을 누리고 지키고 끌고 나갈 수 있어.

아이야!
너는 청소년에서 청년으로,
청년에서 진짜 어른으로 운항 중인 항해사란다.

지나간 항로를 통해

'새로운 길을 개척할 혜안'이 필요하고,
자유롭지만 옳고 바른 선택의 정신을 위해
'쓴 것을 삼킬 줄 아는 힘'이 절실할 거야.
항해 중에 암초를 만나 표류할 때에는
'전체에서 지금을 보는 지혜'가 뒤따라야 한단다.

질서 있게 네 역할을 해내도록, 시간의 잉여를 창출하렴.
시간을 잃고 표류(漂流)하는 오늘이 아닌,
시간을 되찾아 표착(漂着)[20]하는 오늘을 만들렴.

시간 부자가 되기 위해 시간지기와 함께 하렴.

---

20 물결에 떠돌아다니다가 어떤 뭍에 닿음, 표준국어대사전.

'넓은 세상', 너에게 어떤 의미일까?

아이야, 올해 초, 넌 엄마 품을 떠나 새로운 세상으로 용감하게 혼자 발을 내디뎠지. 처음엔 설렘이 앞섰고 살짝 걱정도 되었지만 제법 잘 적응해 나가는 듯 보였어. 하지만 시간이 흐를수록 너의 표정과 말투에서, 예상치 못한 상황으로 인한 새로운 고민이 조금씩 비치더구나. 엄마가 널 제대로 본 걸까?

대학생이 되었다는 건 단지 학교가 바뀐 것만을 의미하지는 않아. 무엇보다 청소년 시기를 지나 성인이 되었고, 수업도 자율적으로 참여하고 과목도 다양한 선택지가 있고, 직접적으로 네 장래와 연결될 수 있는, 정말 구속보다는 자유가 펼쳐진 곳. 자유롭기에 선택과 결정이 무한하고 책임까지 따르는, 그래서 이전과는 전혀 다른 차원의 세상에 첫발을 내딛는 일이었기에, 더욱더 너는 그러했을 거야. 중고등학교 시절, 비교적 익숙한 울타리 안에서 지냈다면, 이제는 낯설지만 훨씬 더 '**넓은 세상**'을 향해 나아가야 하니까.

'**넓은 세상**'이라는 4글자는 너에게 어떤 의미일까?

지구 곳곳의 나라들을 아우르는 글로벌 무대일 수도 있고, 인류를 우주적 관점에서 바라보는 거대한 시선일 수도 있겠지? 하지만 엄마가 말하는 '넓은 세상'은, 단지 물리적으로 확장된 공간이 아니야. 그것은 지금까지 경험하지 못한, 낯설고도 혼란스러운, 무한한 가능성의 세상이야. 너에게 익숙했던 세상에서 더 커진, 아직 이름조차 붙이지 못한 미지의 세상이기도 하지. 이러한 새로운 세상은 앞으로 너에게 수없이 많은 질문과 선택의 순간들을 안겨줄 거야. 지금까지 누군가가 정해준 기준과 방향을 따랐다면, 이제는 스스로 기준을 세우고, 그 기준으로부터 네가 가고자 하는 방향으로 나아가야 하는 시간이야. 무엇을 공부할지, 누구와 함께 할지, 어떤 가치를 따라 살아갈지 모든 선택이 너의 삶을 조금씩 만들어 가겠지.

그렇다면,
너는 어떤 삶을 만들어가고 싶니?
그리고,
너라는 존재에 대해 진지하게 생각해 본 적 있니?

이런 질문이 중요한 이유는, 너 자신이 무엇을 원하는지 '아는' 것이 곧 '삶'의 방향을 잡는 데 가장 큰 힘이 되기 때문이야. 아는 것은 사는 힘이란다. 그래서 '나는 어떤 사람인지', '무엇을 가치 있게 여기는지', '어떤 삶을 살아가고 싶은지'에 대해 스스로 묻고 답하는 시간이 꼭 필요해. 바로 그 과정이 이 넓고 복잡한 세상을 너의 언어로 이해하고 걸어가는 첫걸음이 되어줄 테니 말이야.

이렇게 너를 들여다보면서,
너의 삶에 대해 깊이 생각해 보는 것을 **'사유'**라고 해.
네게는 조금은 낯선 개념일 수 있지만, 대학생, 성인이 된 네게 지금부터 찾아올 수많은 삶의 함수 속에서 '사유'의 힘은 놀랍도록 널 네가 원하는 방향으로 이끌어 줄 거야.

사유란 뭘까?
思(생각할 사) – 마음속으로 깊이 생각하는 것.
惟(생각할 유) – 신중하게 헤아리고 숙고하는 것.

사유는 생각하고 또 생각하는 것이야. 감정, 경험, 가치관을 토대로 본질을 탐구하고 철학적으로 넓고 깊게 숙고하는 정신활동을 의미하지. 예를 들어, 예술을 바라볼 때, 철학적 질문을 던질 때, 그렇게 삶의 곳곳에서 의미의 발견을 원할 때, '사유'라는 단어를 사용하곤 해. 이는 어떤 문제를 해결하거나 논리적으로 분석하는

'사고(思考)'보다 깊고 길다고 할 수 있어. 우리는 매일매일 생각이라는 것을 해. 그것들이 사소해 보여도, 그 속엔 언제나 소중한 무언가가 숨겨져 있단다.

그런데 말이지, **'생각'**이란 도대체 무엇일까? '생각'. 그 안에는 두 가지 요소가 있어. '인식'과 '의식'. 우리는 살아가며 수많은 경험을 하면서 다양하게 인식을 쌓아가지. 비 오는 날 창문에 물방울이 이쁘면, '비 오는 날은 이뻐'라는 생각, 누군가의 눈빛이 다정하면, '난 눈으로 사람의 다정함을 느껴'라는 생각, 이 모든 것들이 '인식'이라는 이름으로 네 속에 저장되지. 그건 마치 너만의 도서관 같은 거라, 하나하나의 책처럼 쌓여서 어떤 건 꺼내 읽을 수 있고, 어떤 건 몰랐던 사이에 우리를 이끌기도 하지.

하지만 세상은 과거로만 이루어지지 않아. 그런데, 가끔은 어디선가 문득 떠오르는 생각들이 있지? 전에 본 적도 없고, 느껴본 적도 없는데, 왠지 마음이 끌리는 그런 생각들 말이야. 그건 '의식'의 세계에서 온 것이란다. 마치 열린 창으로 갑자기 들어오는 바람처럼 불쑥 다가오고, 마음을 흔들지.

그건 아직 가보지 않은 길,
미지의 세계, 그리고
앞으로 네가 만들어갈 미래야.

그렇다면 과거에 저장된 인식과 불현듯 다가오는 미지의 의식을 잘 연결하기 위해서는 무엇이 필요할까?

바로 '사유(思惟)'야.
사유란 과거의 경험을 되짚고, 현재의 자신을 성찰하며, 앞으로 나아갈 방향을 탐구하는 과정이라 할 수 있어. 그러니, 사유는 너의 과거와 미래를 이어주면서, 오직 너만이 건널 수 있는 길을 만들어가는 정신의 활동이지. 사유를 통해 우리는 과거에 머무르지 않으면서도, 무작정 미래로 내던져지지 않도록 자신을 이끌 수 있어. 그러니 지금 너에게 가장 필요한 건, 바로 '사유'란다.

사유로 너는 '지나온 너'와 '다가올 너'를 연결할 수 있을 거야. 단순히 과거를 답습하는 것이 아니라, 그것을 바탕으로 새로운 가능성을 탐색하는 것이지. 다시 말해서, 그저 남들이 만든 사전적 의미만을 아는 것이 아니라, 너의 경험과 생각으로 단어 하나하나의 의미를 새롭게 써 내려가는 거야. 그렇게 너만의 언어로 세상을 이해하고, 아직 쓰이지 않은 페이지를 너의 말로 채워가는 거지.

우리는 이렇게 인식과 의식의 영역 사이를 오가며, 인식의 책장을 넘기고, 의식의 바람을 맞으며, 더 깊이 사고하고, 더 넓은 세상을 향해 나아가는 거야. 너의 세상은 천천히, 그러나 확실하게 확장되어 갈 거야.

그렇다면, 사유는 네 삶에서 어떤 역할을 하게 될까?

첫째, **사유는 '과거의 너'와 '미래의 너'를 잇는 다리야.** 어제의 경험과 내일의 가능성을 연결하면서, 네가 어디에서 왔고 어디로 가고 싶은지를 깨닫게 해주지. 지나온 선택과 흔들림이 헛되지 않도록, 의미를 되새기게 해주는 거야. 사유를 통해 우리는 같은 실수를 반복하지 않으면서도, 그 실수 덕분에 얻게 된 배움을 놓치지 않게 돼. 그렇게 축적된 시간의 결이 삶의 배움이 되고, 미래의 가능성을 비추는 등불이 되어주는 거야.

둘째, **사유는 '내면'과 '외부' 세계를 이어주는 다리이기도 해.** 세상의 소리에 휩쓸리지 않고, 네 안에 잠든 진짜 목소리를 듣게 해주거든. 엄마가 얼마 전 한 프로그램에서 들었던 이야기가 떠오르네. 우주의 궤도에서 중심, 즉 공전의 기준이 되는 중력의 중심점이 천체 내부에 있을 때, 행성들은 안정적으로 공전할 수 있대. 하지만 그 중심이 밖으로 벗어나면, 궤도에 '섭동[1]'이 발생해서 흐트러지고 마는 거지.

사유도 마찬가지야. 중심이 네 안에 단단히 자리 잡고 있으면, 바깥의 변화에 흔들리지 않고 너만의 궤도를 유지할 수 있어. 하지만 그 중심이 밖으로 옮겨가면, 세상의 말과 시선에 쉽게 끌려다

---

1 섭동(Perturbation:攝動)은 천문학에서 여러 개의 다른 물체로부터 명확한 중력 효과를 겪은 하나의 큰 물체가 보이는 복잡한 움직임을 설명할 때 쓰는 용어. 천체의 궤도에 교란이 미치게 하는 인력을 말한다(위키백과). 섭동이 되면 행성들이 정상적인 궤도에서 벗어나게 됨.

니게 되지. 그러니까 사유의 중심은 반드시 너의 '내면'에 두어야 한단다. 거기서부터 진짜 힘이 생겨나니까.

셋째, 사유는 혼란 속에서도 길을 찾게 해주는 다리야. 낯설고 예측할 수 없는 세상에서 무엇이 중요한지, 어떤 방향으로 나아가야 할지를 비로소 바라볼 수 있게 해. 흔들리는 순간에도 중심을 잡고 걸어갈 수 있게 도와주는 힘, 그게 바로 사유에서 비롯된단다. 눈앞의 불확실함을 견디며 스스로에게 묻고 답하는 그 과정에서 너만의 길이 조금씩 드러나기 시작하거든.

넷째, 사유는 무한함으로 널 이끄는 다리야. 익숙함의 경계를 넘어 아직 만나지 않은 세계로 연결된 다리. 지금까지 알던 것에 머무르지 않고, 새로운 가능성의 문을 여는 발걸음을 내딛게 해주지. 머뭇거리던 한계 앞에서도 다시 물음을 던지고 틀 안에서 벗어나 다른 시선으로 세상을 바라보게 해.

그러니 '사유'란,
과거와 미래, 내면과 외면을 이으면서
혼란 속에서 무한함으로 네 길을 찾게 해주는,
'연결의 다리'인 거야,
결국, '지금의 너'를 더 '깊은 너'로 나아가게 하는
정신의 가장 근본적인 활동이라고 할 수 있지.

그러니까, 사유는 변화를 이끌어내는 내면의 동력이자, 성장을 가능하게 만드는 가장 본질적인 움직임이 될 거야. 사유의 과정이 없다면, 우리는 현재 상태에 머무를 수밖에 없어. 어떤 문제가 생겼을 때, 그 원인을 탐색하고, 그 안에 담긴 의미를 해석하며, 다음 단계로 나아갈 수 있게 되는 것도 모두 사유의 질과 양, 즉 힘 덕분이지.

하지만, 그저 생각을 깊이 한다고 해서 충분할까? 아마 그렇지는 않을 거야. 사유는 방향을 정하고 길을 여는 과정이지만, **그 사유의 다리 위를 실제로 걸어가야 하는 건 바로 '너' 자신이야.** 다시 말해, 사유와 행동, 즉 '실천'을 함께 할 때, 너는 그 '넓은 세상'에 도착할 수 있어. 그때 비로소 '넓은 세상'의 참의미를 알게 되는 거지. 이렇게 세상을 알아가는 과정은 언제나 설레고, 때로는 한순간에 시야가 확 넓어지는 경험을 주기도 해.

하지만 엄마는 네가 단순히 '알고' 있는 것에서 그치지 않기를 바란단다. 지식은 머릿속에 쌓아두는 것이 아니라, 삶 속으로 스며들어야 비로소 진정한 의미를 갖게 되거든. **많은 것을 아는 사람이 되는 것보다, 그 앎을 자신의 일부로 만들어 하나라도 제대로 아는 삶이 훨씬 중요해.** 책을 읽고, 강의를 듣고, 경험을 쌓으며 배운 것들이 네 삶에 자연스럽게 녹아들 때, 그것이 진정한 성장을 이끌어.

엄마가 이야기하는 '사유'도 마찬가지야. 사유가 무엇이고 왜 필요한지 아는 것만으로는 성장이 이루어지지 않아. 우리는 대부분 상황에 즉각적으로 반응해 버리곤 해. 감정이 휘몰아치면 그대로 휩쓸리고, 떠오르는 생각을 깊이 들여다보기보다는 그저 생각하는 대로 움직이지. 하지만 진정으로 중요한 건, 즉각적인 반응이 아니라 의식적으로 사유하는 시간을 갖는 거야.

그럼,
이제 사유의 다리 위에서 어떻게 움직이는 시간을 보내야 할까?

사유라는 것은, 너의 존재를 찾는 시간이야.
그러니 S.E.L.F의 시간을 보내야겠지?

첫째, 조망의 시간이야. / Sight - S
조망이란, 높은 곳에서 멀리까지 내려다보는 걸 말해. 그러니까 사유의 첫 번째 시간은, 너를 하나의 객체로 놓고, 스스로를 객관적으로 바라보는 시간이야. 조금 멀찍이 떨어져 너 자신을 바라볼 때 비로소, 전체적인 흐름과 방향이 보이기 시작하거든. 이는 심리학에서 말하는 '거리두기', 철학에서 말하는 관찰자[2]의 태도와 맞닿아 있고, 동시에 미래에서 현재를 바라보는 눈과도 연결돼.

---

2 도덕감정론, 애덤스미스, 비봉출판사, 2025.

우리는 보통 Sight라는 단어를 시력, 즉 보이는 능력으로 이해하곤 해. 하지만 엄마는 이 단어를 좀 다르게 이야기해 주고 싶어. Sight는 명사로서 시선을 뜻하지만, 동사로 쓰일 때는 '무언가를 갑자기 보다' 혹은 '찾고 있던 것을 발견하다'라는 의미도 있어. 이건 마치 너 자신을 오랫동안 찾고 있다가, 어느 순간 갑자기 마주하게 되는 순간과도 닿아 있어. 그러니 사유의 첫 번째 시간은 멀리서 내려다보는 조망을 통해 그 안에서 '잊고 있던 또는 잃어가는 너 자신'을 발견하는 순간이야.

그런데 이 조망에는 한 가지 더 필요한 시선이 있어. 바로 자신을 의심하는 눈이지. '나는 생각한다, 고로 존재한다[3].' 데카르트는 모든 것을 의심하는 데서부터 사유를 시작했어. 심지어 자기 자신의 존재조차도 말이야. 그 의심 속에서 유일하게 확실한 진리로 남은 것이 바로 '사유하는 나'였던 것이지. 데카르트의 생각은 곧 '사유'였어. 그러니 이 조망의 시간은, 너 자신을 있는 그대로 바라보는 동시에, '내가 지금 보고 있는 게 정말 나일까?' 하고 스스로를 의심해 보는 시간이어야 해. 그 의심이 너를 무너뜨리는 게 아니라 오히려 네가 지각한 네가 참으로 사유한 것은 무엇인지, 왜 그렇게 생각의 길이 열린 것인지, 그리고 어째서 너는 그것을 의심하게 되었는지를 발견하게 도와줄 거야.

---

3 방법서설, 르네데카르트, 문예출판사, 2024.

그리고 그런 시선을 통해서야 비로소 '진짜 너'에게 다가갈 수 있어. 세부를 보기 전에, 전체를 보는 눈이 필요해. 하지만 그 눈이 의심하는 정직한 시선일 때, 비로소 너는 너 자신을 정말로 발견할 준비가 된 거야.

둘째, 확장의 시간이야. / Expand - E
조망의 시간을 통해 전체를 보고, 너를 일정한 거리에서 바라보았지. 이제는 그 시야와 관점, 그리고 질문들로 조금씩 너의 안과 밖을 넓혀가는 시간, 바로 확장의 시간이 필요해. 확장이란, 단순히 더 많고 다양한 것을 아는 것이 아니야. 그보다는 네가 가지고 있던 사고의 틀에서 한 발자국씩 벗어나 보려는 시도에 가까워. '이게 다일까?', '다르게 볼 수는 없을까?' 이런 질문이 너를 더 넓게, 더 깊이 이끌어주는 열쇠가 돼. 확장의 시간에는 타인의 관점도 필요해. 네 시야에서는 보이지 않았던 것들, 네가 겪지 않은 삶. 그것들을 상상하고 받아들여 네가 한 발자국씩 벗어난 만큼 너의 내면은 한층 넓고 깊어져 더 많은 것을 담을 수 있게 되지.

확장이란 건 결국, 자기 중심성에서 조금씩 벗어나는 **'자기파괴'**야. 네가 옳다고 믿었던 생각들을 잠시 내려놓고, 낯선 가능성들과 마주하는 것이야. 그리고 그 속에서 너는 한결 유연한 너를 만나게 될 거야. 너의 사유가 더 이상 네 안에만 머물지 않도록, 이제는 그 사유를 통해 세상과 연결되어야 할 때야. 그러니, 그동안 너에게 존재하지 않았던 시간을 가져 보는 것도 중요해. 너를 드러내어 표현할 기회를 누군가로부터 기다리기보다, 스스로 만들어 가는 연습이 필요한 시점이거든.

조망의 시간이 너를 찾는 시선을 통해 '바라보는 시간'이었다면 확장의 시간은 너를 넘어서 다른 세상으로 '나아가는 시간'이야.

엄마의 경우를 이야기해 볼게. 엄마는 매일 새벽, 잠에서 막 깨어나는 그 고요한 순간부터 의도적으로 엄마만의 사유의 시간을 만들었어. 엄마는 이 시간을 **'모닝사유'**라고 불러. 그리고 그 사유를 위해, 집 안에 엄마만의 의자를 지정해 두었어. 어떤 날은 그냥 멍하니 앉아 있는 것도 엄마 스스로 허락한 거야. 그 시간은 꼭 무언가를 하지 않아도 괜찮은 시간이야. 그 의자에 앉으면 머릿속이 비워지면서 깊은 생각이 이어져. 마법의 의자 같아. 또 하나, 엄마는 엄마의 시선과 경험을 넘어서기 위해 다른 사람의 문장을 손으로 옮겨 쓰는 필사의 시간도 갖고 있어. 그렇게 하면 어느새 내가 몰랐던 표현과 사유의 방식이 조금씩 내 안으로 스며들거든. 그건 나를 넘어서 세상을 받아들이는 아주 좋은 방법인 것 같아.

이전에는 아무도 주지 않았던 시간들.
이제는 스스로에게 선물하듯 만들어보렴.
그 시간 속에서 분명

지금은 보이지 않는 또 다른 너를 만나게 될 거야.

셋째, 빛의 시간이야. / Light - L
조망의 시간은 너 자신을 객관적으로 바라보는 시간이고, 확장의 시간은 새로운 시선과 관점을 받아들이는 시간이었지. 그리고 이제, 그 모든 사유의 탐색 과정을 지나, 네 안에 들어온 빛을 발견하는 시간이야. 빛은 단순히 눈에 보이는 대상이 아니야. 오히려 보이지 않던 것들을 드러나게 해주는 존재지. 네가 무엇을 보고, 어떤 방향으로 나아갈지를 결정할 때, 결국 필요한 것은 너만의 빛이야. 너만이 가진 감각과 가치의 조명이지. '정답'이 아니라 '해답'이지. 그 빛 아래에서 사물은 조금 더 선명해지고, 너의 선택은 조금 더 진실에 가까워진단다.

그리고 기억하렴, 그 빛은 언제나 외부에서만 오는 게 아니야. 때론 너의 내면이 발하는 미세한 울림, 말로 설명할 수 없는 직감, 지금 이 순간의 감응 속에서, 네 안의 빛이 조용히 켜지기도 해. 사유의 깊은 시간을 거듭하다 보면, 어느 순간 너는 깨닫게 될 거야. 그 빛이 이미 네 안에 존재하고 있었다는 것을. 처음에는 아주 희미하고 작지만, 그 빛은 분명히 거기에 있어. 사유의 시간은 그 빛을 인식하게 하고, 그 빛은 조용히 너의 길을 비추기 시작하지.

세상의 눈부심에 이끌리는 것이 아니라, 너만의 감각으로 깨어난 내면의 빛. 그것은 네 존재의 근원에서부터 솟아나는 것이며, 네가 누구인지 말해주는 가장 진실한 목소리야. 이 시간은 단순히 어떤 판단을 내리기 위한 시간이 아니라, 스스로의 존재가 하나의 빛으로 느껴지는 순간이야. 그 순간부터, 너는 바깥의 기준이 아닌, 너만의 빛으로부터 세상을 보기 시작할 거야.

엄마는 모닝사유 속에서 그런 빛을 자주 만나. 모든 것이 조용하고, 멈춰 있는 그 고요한 시간 속에서 문득 떠오르는 생각 하나. 아무에게도 설명할 수는 없지만, 바로 그 생각 하나가 엄마가 발견한 '빛'이야. 그 빛을 통해, 엄마는 그날 하루를 살아갈 단단한 마음을 얻곤 해.

그러니 너도, 사유의 다리 위에서 잠시 멈춰보렴.
빛이 네 안으로 스며들거나,
너 자신에게서 피어오르는 그 순간을 조용히 느껴보는 거야.
그 빛이 아주 작고 흐릿해 보일지라도 괜찮아.
그 빛을 인정하고 받아들이는 순간,
너는 이미 세상을 향해 단단하게 한 걸음을 내디딘 거야.

넷째, 몰입의 시간이야. / Flow - F
빛의 시간을 통해 너는 내면에 스며든 감각과 질문, 그리고 아주 미세하지만 분명한 울림을 만났을 거야. 이제는 그 울림에 조용히 집중해 보는 시간, 그리고 그 집중이 자연스럽게 몰입으로 이어지는 시간, 바로 Flow의 시간이야.

모든 것을 다 하려 애쓰는 것이 아니라, 지금 이 순간, 한 가지에 마음을 기울이는 태도, 몰입(Flow)을 위해 우리는 집중(Focus)이 필요해. 무언가를 하면서도 마음 한구석에선 다른 일들을 계산하고 있다면, 그것은 온전한 집중이라고 할 수 없어. 진짜 집중이란, 스스로의 선택에 진심으로 들어가 한 길을 끝까지 따라가 보는 연습이야. FOCUS, 즉 Follow One Course Until Sight - 하나의 방향을 정하고, 그 끝을 볼 때까지 흔들림 없이 나아가는 것이야. 그리고 그렇게 집중하다 보면 어느 순간, '하고 있다'라는 느낌조차 사라지는 시간이 와. 시간이 흐르는지도 모르고, 내가 움직이는지, 움직임이 나를 이끄는지도 분간이 안 되는 상태. 그게 바로 Flow, 몰입의 순간이야.

심리학자 칙센트미하이는 이런 상태를 '플로우(flow[4])'라고 했어. 그는 이 상태를 '마치 하늘을 자유롭게 날아가는 느낌' 혹은 '물이 흐르듯 편안한 상태'라고 설명했지. 또한, 이때 우리의 의식은 질서 있게 구성되고, 외적 위협으로부터 자아를 방어할 필요도 없어진다고 해. 사고, 의도, 감정, 감각 — 모든 것이 하나의 목적을 향해 집중되며, 우리는 그 안에서 완전히 살아 있게 된다고 덧붙

---

4 몰입, 미하이칙센트미하이, 한울림, 2022.

였지. 그는 바로 이 집중된 몰입의 경험이 자아를 통합시킨다고 했어. 이처럼 Flow의 시간 안에서, 너는 어느새 생각하고 있다는 사실조차 잊은 채, 너의 내면에 몰입하게 될 거야. 그 흐름 속에서 너는 자연스럽게 더 깊은 질문에 닿게 되고, 말로 설명할 수 없는 어떤 감각에 이끌리게 되지. 바로 그때부터, 온전한 사유가 시작되는 거야.

하지만 엄마는 이 '사유'를 단순히 '깊이'로만 정의하고 싶지 않아. 엄마는 **'사유(思惟)'**에 **'흐를 류(流)'**를 더해 **'사유(思流)'**라는 개념으로 확장해 보고 싶었어. 단순히 생각을 짜내는 것이 아니라, 너의 사유의 흐름에 따라 마음의 움직임을 관찰하고 따라가 보는 것. 의식적으로, 너의 무의식적인 흐름을 바라보는 거야. 이 흐름 속에서 억지로 의미를 찾으려 애쓰지 않아도, 어느 순간 의미가 스스로 드러나기 시작하거든. 소크라테스[5]는 '너 자신을 알라'고 했고 에머슨[6]은 '위대한 사상은 강물처럼 흐른다'고 했어.

결국, 진짜 사유란
억지로 틀 안에 가두는 것이 아니라,
자연스러운 흐름을 인식하고,
그 흐름 속에서 스스로를 이해해 가는 과정인 거야.

---

5 소크라테스(Socrates, 기원전 470-399), 고대 그리스 아테네의 철학자.
6 랄프월도에머슨(Ralph Waldo Emerson, 1803-1882), 미국의 철학자, 수필가, 시인, 초월주의 대표적 사상가.

가끔은 하나의 질문을 며칠이고 몇 주고 품고 있어야 해. 너무 빠른 판단보다는 천천히 머무는 시간, 답이 없어 보이는 순간조차 끌어안는 용기. 깊이 있는 사고는 마치 씨앗을 심고 기다리는 것과 같아서, 당장은 아무 일도 일어나지 않는 것 같지만, 충분한 시간을 들이면 언젠가 너만의 통찰이 뜨거운 태양이 되어 너의 씨앗의 싹을 낼 거야. 비로소 그때, 너는 알게 될 거야. 스스로의 생각을 흐르게 두고 바라보는 그 시간이야말로 너 자신을 가장 깊이 이해하는 시간이라는 것을. 그리고 이 시간을 반복하면서, 너는 누구도 흉내 낼 수 없는 너만의 사상과 철학을 지니게 된다는 것을.

지금까지 엄마가 얘기한 사유의 4단계가 네겐 조금 낯설고 어렵고 지루하기도 할 거야. 아직은 네가 고민하는 문제들이 다소 단순해 보일 수도 있고, 이런 깊은 사유가 당장 필요한 순간은 아닐 수도 있을 테니까.

그런데 아이야.
사유는 필요해서 하는 것이 아니라
소중해서 해야 하는 것이야.
소중한 것을 우선 품으면
필요한 것을 지닐 수 있단다.

그래서, 엄마는 너에게 사유의 깊이와 중요성을 알려주고 싶어.

지금이 아니더라도, 네가 사회로 나가 더 큰 힘겨움을 마주했을 때, 사유의 시간이 네게 큰 힘이 되어줄 것을 믿거든. 세상을 살다 보면, 단순한 공식으로는 풀리지 않는 문제들이 많아. 시험 문제처럼 정해진 답이 있는 것도 아니고, 누군가 대신 해결해 줄 수 없는 순간들도 찾아오지. 그럴 때, 남들이 하는 대로 따라가는 대신, 네가 스스로 답을 찾을 수 있는 힘을 갖게 되길 바란단다. 그 힘은 단순한 지식이 아니라, 오랫동안 고민하고, 경험하고, 내면에서 길러진 사유에서 나오는 거야. 그러니까, 설령 지금 이 이야기가 어렵더라도 네 마음 한구석에 간직해 두었으면 해. 언젠가 정말 필요할 때 이 과정이 너에게 북극성이 되어줄 테니까.

아이야,
며칠 전 너와 통화하면서, 새로운 곳에서 다양한 경험을 쌓으며 성장하는 네 모습에 기쁨과 기대를 함께 느꼈어. '네가 이전에 알지 못했던 세상을 온전히 경험하고 있구나' 싶더라. 이제 세상을 바라보는 네 시선이 달라지고, 이전에는 당연하게 여겼던 것들을 당연하지 않게 바라보는 네 모습도 보이더라. 사유의 다리를 건너며 얻게 되는 것들인데, 너는 이미 그 과정을 시작한 듯도 했어.

그런데 '본다'라는 건 무엇일까? 단순히 눈으로 바라보는 것만을 의미할까? 엄마는 그것이 전부는 아니라고 생각해. 본다는 것은 경험하고, 느끼고, 이해하는 과정이야. 같은 풍경도 보는 사람의 생각과 마음에 따라 다르게 보이듯이, 네가 세상을 바라보는 방식이 달라지면 같은 것도 너만의 의미로 다가올 거야.

'관(觀, 볼관)'... 이라는 글자는 황새가 높은 곳에서 넓게 바라보는 모습을 본뜬 글자래. 높은 곳에서 세상을 내려다보는 황새처럼, 너도 경험을 쌓으면서 점점 더 넓고 깊게 세상을 바라보게 되겠지. 하지만 단순히 눈앞에 보이는 것만이 아니라, 그 안에 담긴 의미까지 볼 수 있었으면 해. 그것이 네가 사유를 통해 얻게 될 첫 번째 깨달음이야. 네 **'세계관'**이 변화하는 순간이기도 하고. 세계관은 세상을 바라보는 너만의 창이야. 그 창이 어떻게 열려 있느냐에 따라 같은 세상도 전혀 다르게 보이게 되지. 그래서 세계관이 달라진다는 건, 세상을 바라보는 눈이 자라난다는 뜻이기도 해.

또한, 시간에 대한 인식도 달라질 거야. 엄마는 이것을 **'초월관'**이라 말하고 싶어. 사유를 하다 보면, 순간이 스치기도 하고, 잊히기도 하고, 막연히 상상만 했던 것들이 눈 앞에 펼쳐지기도 하지. 때로는 과거, 현재, 미래가 하나로 느껴지는 순간이 온단다. 그 순간들은 단순한 시간이 아닌, 영원으로 이어지는 연결고리가 될 수 있어. 이런 순간들을 경험할 때, 우리는 시간의 흐름을 초월한 깨달음을 얻게 돼. 과거의 기억이 현재에 영향을 주고, 미래의 방향성을 만드는 그 사유의 흐름을 통해 너 자신을 넘어서는 사람으로 스스로 만들어가게 돼.

이제 해부학과 심리학을 배우게 된다고 했지? 해부학과 심리학, 물질적인 몸과 비물질적인 몸. 엄마는 이 과정이 네게 인간 전체를 바라보는 시각을 가질 소중한 기회라고 생각해. 이를 통해 단순히 한 부분으로서의 인간이 아닌, 존재로서의 깊이 있는 인간을 이해하게 될 거야. 그렇게 인간의 본성에 대한 고민이 깊어지고, 네 시선도 한층 넓어지겠지. 인간을 바라보는 방식이 달라지면서, 너 자신을 이해하는 방법도 너답게 다가올 거야. 스스로를 탐구하는 과정은 쉽지 않겠지만, 그것이 네가 성장하는 중요한 길이 될 거야. 그리고 이 과정에서 형성되는 너만의 시각을, 엄마는 '**인간관**'이라 부르고 싶어.

그렇게 너 자신을 어떻게 정의하고 받아들이느냐에 따라 '**가치관**'도 변화할 수 있어. '내가 누구인지, 나를 어떻게 이해해야 하는지'에 대한 고민은 아마 끝없는 여정일지 몰라. 하지만 그 시간 속에서 너는 계속해서 성장해 나가며 너만의 가치, 너만의 의미를 찾게 될 거야. 그리고 바로 그 가치관을 통해 타인을 바라보렴. 그 순간, 사람을 대하는 너의 태도도 달라질 거야. 표면 너머를 볼 수 있게 되고, 상대의 마음을 더 섬세하게 느끼게 될 테니까. 가치가 또렷해질수록 너의 말과 행동도 깊이를 더할 거야. 그게 결국 진짜 소통이고, 진짜 관계를 만들어가는 힘이란다. 결국, 그렇게 쌓인 시간들이 너만의 단단한 가치관이 되어줄 거야. 그리고 그건 어디서든 흔들리지 않는 너의 중심이 되어줄 거고.

마지막으로, 네 삶의 방식도 점점 변화할 거야. 그것이 바로 너만의 '**인생관**'이겠지. 사고방식이 바뀌면 자연스럽게 행동도 달라지고, 삶에서 무엇을 우선순위로 선택할지에 대해서도 점차 변할 거야. 지금까지 중요하다고 생각했던 것들이 다르게 보이기도 하고, 반대로 미처 신경 쓰지 않았던 것들이 더 소중하게 느껴질 수도 있어. 예를 들어, 예전에는 단순히 목표를 이루는 것이 가장 중요하다고 생각했다면, 이제는 그 목표를 향해 나아가는 과정에서 무엇을 배우고 느끼는지가 더 의미 있게 다가올 수도 있어. 게다가 목표가 향하는 방향으로 널 이끄는, 궁극의 삶에 대한 의미도 찾게 되지. 혹은, 성공이나 성취를 넘어서 사람들과의 관계, 일상의 작은 순간에서조차 더 깊은 가치를 발견하게 된단다.

이런 변화들은 네가 사유하고 경험을 쌓아가면서 자연스레 자리 잡을 거야. 그러니 깊이 생각하는 시간을 소중히 했으면 해. 때로는 깊은 고민에 확신이 들지 않을 때도 있겠지만, 그 과정이야말로 네가 진정으로 원하는 것이 무엇인지 스스로 깨닫게 하는 시간이 될 거야. 그러면 어떤 선택을 하든 그 선택이 오롯이 너의 선택이 돼. 아울러 그 선택의 경험들이 쌓여 결국 너를 더 단단하게, 더 너답게, 네 인생에 책임질 수 있는 너로 만들어 주지. 그렇게 너는 '세상과 너' 사이에서 진짜 너의 자리를 찾아가게 된단다.

그러니 아이야, 오늘 하루, 네 마음에 스쳐 지나간 그 작은 생각들도 그냥 흘려보내지 말고, 잠시 멈춰 들여다보렴. 그리고 그 생각의 이야기를 듣고, 바람처럼 다가온 질문에 귀 기울이며, 너만의 다리를 놓아보는 거야. 다리를 건너다보면 다리가 너무 높거나 좁아서 무섭기도 하고 바람에 흔들리거나 비에 젖어 미끄러울 때도 있겠지. 또 다리가 중간에서 끊겨 돌아가야 할 때도 있을 테고 어떤 다리는 아직 완공되지 않아서 어찌해야 할지 몰라 멈춰서서 기다려야 할 때도 있을 거야. 그럴 때는 조급해하지 말고, 잠시 쉬어가며 주변을 돌아보는 것도 필요해. 이 모든 경험이 너를 더 단단하고 지혜롭게 만들어 줄 거야.

그래도 괜찮아. 중요한 건 그 다리를 건너며 네가 누구인지, 무엇을 바라보며 살아가고 싶은지, 다리 끝에선 무엇이 널 기다리고 있는지를 한 걸음씩 내디디며 알아가는 것이니까.

사유는
혼자만의 고요한 시간 속에서 자라나지만,
결국 그 사유가 너를 사람으로, 세상으로,
나아가 또 누군가의 다리로도 이어질 거야.

오늘도 너의 마음 안에서,
천천히, 단단히, 그리고 조용히,
그 다리가 넌지시 모습을 드러내는 그 순간을 엄마는 기다린단다.

기울인다는 것

아이야
내가 너의 곁으로 향한다
귀를 기울이고
몸을 기울여
너의 숨결을 듣고 마음을 듣고 느낀다

아이야
내가 너를 주목한다
너에게 기울이는 만큼
너의 소리가 선명해지고
너의 생각이 뚜렷해져 온다

아이야
내가 너를 마음에 담는다
너의 표정에 신경 쓰이고
무심코 하는 말에도
의미를 찾으려 한다

아이야
내가 너에게 기댄다
어른인 나도
때론 지칠 때 너의 격려를 받고 싶고
따뜻한 말을 듣고 싶다

기울인다는 것은
만나는 속 사귐 같은 것

기울이지 못하면
기울어질 뿐이다

네가 바로 블랙스완이야

이 편지는
엄마의 인식이 깨지는 처절한 고통이자
엄마의 영혼을 울리는 처연한 고해이고,
엄마의 살갗이 찢기는 처참한 고성으로
너에게 용서를 구하는 진실한 고백이란다.

아이야, 엄마는 네게 속죄할 수 없는 잘못을 저질렀어. 이 글을 통해 엄마는 찢어진 살갗에서 새 살이 돋아나듯, 새로운 눈으로 너를 바라보고 새로운 세상으로 너와 함께 나아가겠다고 약속할게.

네가 아침에 일어나 화장실 갈 때나 1층까지 계단을 내려갈 때마다 업어달라고 떼를 쓴 적이 있었어. 6살 꼬마가 엄마에게 어리광

부리는 게 그리 이상한 일도 아닌데, 엄마는 모질게 화를 내며 혼자 하라고 네 등을 떠밀었지. 그냥 좀 업어주면 될 것을, 엄마는 왜 그리 이상하리만큼 냉정하게 굴었을까?

솔직히 고백하면, 엄마는 두려웠거든. 네가 평생 엄마에게 의존하는 사람이 되어버릴까 봐, 그런 너를 엄마가 떠안아야 할까 봐. 엄마의 그 약한 모습을 인정하고 싶지 않아서 네게 도리어 화를 냈던 거야. 네가 바지를 혼자 입지 못해 낑낑댈 때마다, 오라고 수십 번 불러도 오지 않고, 하라고 수백 번 말해도 하지 않을 때마다, 엄마가 도와주길 기다리며 넋 놓고 앉아 있는 모습을 볼 때마다 엄마는 두려워하는 엄마의 약한 모습을 숨기려 분노와 고성을 내질렀던 거야. 너를 향했던 분노와 고성은, 사실 엄마 자신을 향했던 거란다.

'분노는 자기에 대한 과대평가에서 비롯'되기에, '사실은 소심하고 도량이 좁은 사람이 쉽게 분노'[1]한대. 엄마는 나약했고 좁은 틀에 갇힌 스스로를 모른 척하기 위해 너에게 분노의 화살을 돌렸어.

네가 4살 때 자폐스펙트럼 진단을 받은 이후로 엄마는 줄곧 너를 '발달장애'라는 틀에 가둬놓고 있었어. 사실 한 의사는 네가 자폐가 아니라고 했는데도 엄마는 극심한 혼란과 불안에 휘둘려 한쪽

---

1 세네카 인생철학 이야기, 루키우스안나이우스세네카, 동서문화사, 2017.

말만 듣고 너를 그 틀에 밀어 넣고 말았어. 엄마의 편협한 인식과 왜곡된 기준, 두려운 감정으로 인해 너를, 너의 잠재력과 가능성을, 너의 미래를 모두 가둬버린 거야. 그리고도 엄마는 감당하지 못한 분노를 너에게 쏟아내며, 엄마의 나약함을 그 뒤에 교묘히 숨겼어. 이제 엄마는 '발달장애'라는 틀에서 너를, 그리고 엄마 자신을 해방시키려고 해.

편협된 인식을 버리고
제한된 시야를 벗어나
편향된 관점을 바꾸어
너와 엄마를 가둔, 아니 어쩌면
너를 안고 엄마 스스로 들어간 이 틀을 깨고 나갈 거야.

이를 위해 엄마는 네 가지 측면에서 장애에 대해 깊이 파고들어 명철하게 살펴보려고 해. 장애라는 틀의 관점에서 너를 들여다보고, 다시 세상을 바라볼 거야. 그렇게 넓어진 시선으로 다시 너를, 새로운 눈으로 바라보며 새로운 세상으로 나아갈 거야.

첫째, 기준의 측면이야.
엄마는 너를 엄마의 관성적인 기준으로 평가하여 '장애'라는 좁은 틀에 가두고 말았어. 그런데 '장애'와 '비장애'를 가르는 기준이 정말 있는 걸까? 있다면 누가 만들었지? 혹시 엄마는 사회가 만들어놓은 기준을 아무 생각 없이 그저 받아들였던 것은 아닐까?

우리 사회에는 수많은 '라벨링(labeling)'이 존재해. 남자와 여자, 부자와 서민, 외향인과 내향인 등으로 사람을 나누고, 남과 조금만 달라도 ADHD(주의력 결핍 장애), 경계성 지능 등의 라벨을 붙여 분류하지. 요즘에는 캥거루족[2], 니트족[3], 인싸(인사이더), 아싸(아웃사이더) 등의 새로운 라벨도 생겨나고 있어. 라벨을 붙이는 행위는 세상을 좀 더 쉽게 이해하고 정리하는 데 도움이 될 수 있지만, 반대로 개인의 잠재력에 한계를 긋거나 편견을 강화할 수도 있어.

'사회가 개인이나 집단에게 '문제적'이라는 라벨을 붙이면 그 라벨이 실제로 그들의 정체성과 행동을 형성할 수 있다[4]'. 라벨링 이론이야. 예를 들면 어쩌다 한 번의 실수로 '비행 청소년'이라는 라벨을 받은 아이는 그것을 자신의 정체성으로 받아들이고 점점 더 범죄 행동을 지속할 가능성이 높아진다는 거야. 이렇듯 사회가 쏟아내는 수많은 라벨링은 우리의 사고와 행동에 영향을 끼치고 있어.

---

2 경제적, 정신적으로 자립심이 부족하여 부모에게 의존하려는 젊은 세대를 가리키는 말.
3 'Not in education, employment or training'. 학생도 아니고 직장인도 아니면서 직업훈련도 받지 않는 근로 의욕없는 청년 무직자를 가리키는 말.
4 Becker, H. S. (1997). *Outsiders: Studies in the sociology of deviance*. Free Press. (Original work published 1963), 사회학자 하워드 베커의 라벨링(낙인) 이론.

하지만 무언가에 대한 '기준'은 언제나 절대적이지 않아. 사회와 문화에 따라, 또 역사적으로 늘 변해왔지. 과거에는 결혼하지 않고 혼자 사는 사람을 문제 있는 사람이라고 여기는 시선이 강했지만 지금은 그렇지 않아. 결혼을 하든 안 하든, 아이가 있든 없든 그건 개인의 자유라고 생각하는 사람이 많아진 거야. 또 전통적으로 결혼은 남녀 간에 이루어지는 제도였지만 근래 들어 어떤 국가는 동성 간의 결혼을 합법으로 정하기도 했어. 사회는 계속 변화하고 사람들의 인식과 기준 역시 변하기 마련이야.

장애와 비장애를 가르는 기준도 마찬가지야. 자폐스펙트럼 장애, 지적 장애, ADHD 같은 정신과적 장애는 미국 정신의학회가 발행하는 매뉴얼(DSM[5])에 따라 진단이 내려지는데, 그 매뉴얼이 시대에 따라 변화하고 있거든. 예를 들면, ADHD를 진단하기 위해서 DSM-IV에서는 증상이 7세 이전에 나와야 한다는 기준이 있었는데, 그 다음 버전인 DSM-5에서는 이 기준이 완화되었어. 12세 이전에 증상이 나타나면 진단이 가능하도록 변경[6]된 거야. 그렇다면 1994년도에는 ADHD가 아닌 사람이 2013년도에는 ADHD가 되는 것이지.

결국 장애와 비장애를 가르는 기준은 절대적이지 않아.

---

5 정신 장애 진단 및 통계 편람(DSM).
6 American Psychiatric Association. (2013). *Diagnostic and statistical manual of mental disorders* (5th ed.). American Psychiatric Publishing.

다른 사람들이 사회적, 역사적 상황에 따라 임의로 정해놓은 것이 기준이라면, 우리가 그 기준에 따라 자신을 가두어버릴 필요가 없는 것이지. 그 역시 수많은 라벨링 중 하나일 뿐이니까.

엄마는 이제 남들이 정해놓은 기준에서 자유로워질 거야. 그동안 무비판적으로 받아들였던 그 기준이 내 것이 아니라는 걸 깨달았거든. 그리고 그러한 무지가 엄마와 너를 좁은 틀에 가두고 있었다는 것도 자각했어.

중요한 것은 외부의 기준이 아니라,
내 안에 기준이 있느냐 하는 것이었어.
사회가 정해놓은 기준 말고,
내가 찾고 만들어가는 나만의 기준.

엄마는 이제 당당히 말할 수 있어. 남들이 너를 바라보는 시선 말고, 네가 너 자신을 어떻게 바라보느냐. 오직 그것만이 너를 평가할 수 있단다. '인생의 기준을 스스로 설정할 수 있다면 이미 자기 인생의 주인 노릇을 하고 있는 셈[7]'이니까.

그래서 엄마가 다시 한번 미안해. 기준 없이 장애라는 틀에 너를 가둔 엄마였거든. 하지만 이제는 엄마의 기준으로 너를 바라볼 거

---

7 블랙 스완, 나심니콜라스탈레브, 동녘사이언스, 2018.

야. 너만의 속도와 너만의 빛을 믿는 눈으로 말이야.

둘째, 기능의 측면이야.

엄마가 너를 '장애'라는 틀에 가두어 놓았던 이유는, 네가 또래보다 느린, 그러니까 '기능'이 부족하다고 생각했기 때문이야. 장애란 어떤 일의 성립, 진행에 거치적거려 방해하거나 충분히 기능하지 못하게 하는 것, 또는 신체 기관이 본래의 제대로 기능하지 못하거나 정신 능력에 결함이 있는 상태[8]야. 즉, 어떤 일을 하는데 필요한 기능이 부족한 상태를 말하는 것뿐이야. 그런데 누구나 강점과 약점이 있듯, 기능이 뛰어난 부분이 있으면 부족한 부분도 있기 마련이잖아. 엄마는 그림을 그리는 기능이 부족해서 어릴 적 속상했던 적이 많아. 누군가는 운동하는 기능이, 또는 글 쓰는 기능이 부족해. 또 누군가는 주변을 정돈하는 기능이나 숫자를 암기하는 일, 아니면 깊이 있게 사고하는 기능이 부족하지.

하지만 중요한 것은, 부족한 기능에 집중하기보다 잘할 수 있는 부분에 집중하는 거야. '개인의 약점을 보완하는 것보다 강점을 개발하는 것이 훨씬 더 효과적[9]'이라는 것은 증명되어 있어. 인간의 최대 잠재력은 약점을 고치는 것이 아니라 강점을 키우는데서 나

---

8 고려대 한국어대사전.
9 Clifton, D. O., & Harter, J. K. (2003). Investing in strengths. In K. S. Cameron, J. E. Dutton, & R. E. Quinn (Eds.), *Positive organizational scholarship: Foundations of a new discipline* (pp. 111-121). Berrett-Koehler Publishers. https://media.gallup.com/documents/whitepaper--investinginstrengths.pdf

온단다. 부족한 기능이 있다는 것은, 분명 다른 쪽에 뛰어난 기능과 그것을 키울 수 있는 능력을 지니고 있다는 뜻이거든. 역사상 위대한 사람들 중에는 부족한 기능, 즉 결핍을 기회로 삼아 더 큰 능력을 펼쳐낸 사람들이 많단다.

청력을 잃고도 불후의 명작을 남긴 베토벤, 사회운동가로서 인간의 한계를 넘어선 감동을 준 헬렌켈러, 뇌성마비로 언어와 운동 능력에 장애가 있음에도 불굴의 의지로 미국 대학에서 최고가 된 교수, 두 팔을 잃고도 발과 입으로 그림을 그리는 화가, 단 4개뿐인 손가락으로 아름다운 선율을 연주하는 피아니스트. 정말 수많은 사람들이 기능의 결핍을 자신 안의 강점과 연결해서, **기능을 뛰어넘는 것은 '정신과 마음의 힘'이라는 것**을 증명했지.

엄마도 네가 가진 결핍에만 집중했던 과거에서 벗어나려고 해. 우리 모두 부족한 기능이 있듯 너에게도 부족한 부분이 있을 테지만, 다른 부분에서는 분명 넘치는 곳이 있기 마련이니까. 엄마는 너의 그 강점을 찾아 개발하고 잠재력을 드러낼 수 있도록 너와 함께 앞으로 나아갈 거야. 베토벤이, 헬렌 켈러가, 평범한 많은 이들이 그러했듯 너의 결핍은 너를 더 위대한 사람으로 만들어 주는 기회야. 그건 네가 다른 사람들과 똑같지 않다는 뜻이고, 그래서 오히려 너만의 특별하고 위대한 서사를 만들어갈 수 있다는 증거거든.

'하늘에서 가장 빛나는 별들은
역경의 용광로에서 시련을 받았던 사람들이다[10].'

기능은 부족할 수도 있고 넘칠 수도 있어. 설사 부족하다고 해도, 반복된 연습을 통해 갈고 닦으면 분명 기능은 향상될 수 있어. 따라서 중요한 것은 기능 자체가 아니라, 기능을 사용하는 정신이야. 엄마는 주어진 상황에서 관점을 바꾸어 네가 가진 강점을 찾아내는 정신의 힘에 집중할 거야.

셋째, **시대적 측면이야.**
이제 조금 더 시야를 넓혀볼까? 엄마는 너를 가두었던 '장애'라는 틀을 직면하고 직시하면서 조금 더 시야를 확장해 우리 사회에 존재하는 진짜 장애에 대해 살펴보기로 했어. 엄마가 살아온 세상은 무조건 공부를 잘하고 좋은 대학과 좋은 직장, 또는 전문직에 진입하는 것이 인생의 성공이라고 여겼어. 그래서 너도나도 그 길을 가기 위해 어린 시절부터 열심히 달려왔지. 기성세대들이 정해놓은 그 경로를 따라 남들보다 더 빨리, 더 높이 가기 위해 경쟁하는 것이 당연하다고 생각했어. 그러한 가치관과 교육을 주입받고 자란 지금의 우리 어른들 역시 자녀를 같은 방식으로 키우려고 하지. 물론 엄마도 그랬고 말이야. 엄마가 너를 장애라는 틀에 가둬놓고 너의 잠재력을 폄하했던 것 역시 그러한 사고의 틀에 갇혀

---

10 아카바의 선물, 오그만디노, 학일출판사, 1992.

있었기 때문이야.

그런데 세상은 지금 믿기지 않을 정도의 빠른 속도로 변화하고 있어. 이미 AI가 인간의 지식을 능가한 지 오래고, '머지않아 현존하는 직업의 47%가 자동화로 인해 사라질 가능성이 높다[11]'고 해. 또 서울대 연구팀이 예측한 '미래 사회 계급'을 보면 '그동안 우리가 추구해 왔던 좋은 회사의 직장인, 전문직, 자영업자들이 사회의 가장 낮은 프레카리아트 계급으로 전체 인구의 99.99%를 차지[12]'하게 된다고 해. 그러니까, 우리가 지금 열심히 달려가는 그곳이 더 이상 성공과 행복을 보장해주지 않는다는 말이야.

뿐만 아니라, 소년범죄의 피의자 연령이 점점 낮아지고 있어서 촉법소년에 대한 논의가 확대되고 살인, 강도, 성범죄와 같은 강력범죄의 비중이 늘어나고 있어. 게다가 요즘에는 휴대폰 및 미디어의 영향으로 사이버범죄나 도박, 마약에 관련한 범죄도 많아졌어. 아무런 이유도 없이 사람을 죽이고도 죄의식을 느끼지 않는 청소년의 수가 증가하고 있다는 것은, **우리 사회가 심각한 윤리 의식의 결핍**을 겪고 있다는 사실을 단적으로 보여주는 현상이야. 청소년들의 이러한 윤리적 결핍은 우리 어른들의 비도덕적 태도에서 비롯되었다고도 할 수 있지. 인간으로서 마땅히 지켜야 할 윤리

---

11 Frey, C. B., & Osborne, M. A. (2013). *The future of employment: How susceptible are jobs to computerisation?* Oxford Martin School, University of Oxford. https://www.oxfordmartin.ox.ac.uk/downloads/academic/The_Future_of_Employment.pdf

12 2050 미래사회보고서, 유기윤 외, 라온북, 2017.

와 양심을 외면한 채, 자신의 이익만을 위해 비윤리적 행위를 서슴지 않는 어른을 보고 자라는 아이들이 그 영향을 받는 것은 너무나 당연한 일이지.

법의 해석과 집행을 통해 사회 정의를 구현해야 할 법조인이 재판 결과를 고의로 왜곡하거나, 자신의 지위와 권력을 이용해서 사회를 어지럽히는 정치인의 사례는 낯설지 않아. 또 이윤을 극대화하기 위해 음식에 유해 성분을 첨가하거나, 눈앞의 이익만을 쫓아 상품의 품질이나 안전성을 타협한 결과로 수많은 사람의 생명을 위협한 기업인의 사례도 있지. 그들은 분명 우리 사회가 추구해 왔던 '최고의 인생 경로'를 성공적으로 달려왔을 거야. 누구보다 높은 성적과 훌륭한 기능을 가지고 살아왔겠지. 하지만 그 훌륭한 기능은 오히려 사회를 해치는 도구가 되었어.

자, 여기서 우리는 심각한 장애를 간과하고 있는 것 같아. **도덕 장애** 말이야.

앞서 살펴보았듯이 장애란 어떤 일을 하는데 기능이 부족하거나 가로막힌 상태를 의미하지. 그런 의미에서 엄마는 이러한 현상을 인간으로서 마땅히 지켜야 할 도덕성이 기능하지 못하는 상태, 즉 '도덕 장애'라고 일컫고 싶어.

신체나 지능과 같은 개인의 기준이나 결핍은 개인과 가족의 심각한 문제일 수 있지만 도덕 장애는 사회전반의 악과 해가 되잖아. 신체, 인지, 사회 기능의 장애는 앞서 언급한 나름의 기준도 있고 부족한 기능을 보완하기 위한 여러 치료 프로그램들이 있어. 하지만 도덕 장애는 그것을 판별하기 위한 기준도 불분명? 아니, 없는 것 같고 부족한 기능을 보완하기 위한 대처 방안도 없어. 새로운 시대적 상황 앞에서 진정으로 필요한 것은 이러한 문제의식과 그 해결 방법을 찾는 일이 아닐까? 이를 통해 우리는 다시 한번 확인할 수 있어. '기능' 자체보다, 그 기능을 사용하는 '정신'이 더 중요하다는 것을 말이야.

'미래를 위한 씨 뿌리는 자가 되어야[13]' 하기에, 엄마는 엄마부터 올바른 정신을 가진 어른이 되어야겠다 싶어. 너를 비롯한 우리 사회의 모든 젊은 친구들이 앞으로 살아가야 할 미래에 어떤 준비가 필요하고 어떤 올바른 의식을 지니고 있어야 하는지 공부하고 실천해야 해. 그러기 위해서는 지금껏 우리가 가지고 있었던 낡은 틀에서 벗어나 새로운 관점을 가질 필요가 있어.

기존의 틀에 너를 끼워 맞추려 노력하면서 왜 남들과 똑같지 않냐고 다그치고, 그러면서 스스로를 죄책감에 빠뜨렸던 엄마는 새로운 시대적 상황 앞에서 변화하기로 결단했어. 오랜 시간 엄마를 가

---

13 차라투스트라는 이렇게 말했다, 프리드리히니체, 민음사, 2004.

두고 있던 그 낡은 틀을 깨고 나가기로 말이야.

넷째, **불확실성의 측면이야.**
지금까지 기준과 기능의 측면에서 너의 장애를 들여다보았고 더 넓은 시야로 사회의 장애를 들여다보았어. 그렇게 확장된 시선과 깨진 인식의 틀을 통해 다시 너를 바라보려고 해. 되돌아보니 엄마는 너의 현재 부족한 기능을 토대로 네 미래까지 미루어 예측해 버리는 우를 범했어. 지금 느리니까 미래에도 느릴 것이고, 따라서 삶이 힘들 것이라 예단한 거지. 하지만 세상이 정말 이렇게 예상한 대로 정확하게 흘러갈까?

나심 탈레브는 '우리가 사는 현실이 선형적인 인과관계에 의해서 움직이는 것이 아니라, 비선형적이고 예측 불가능한 사건, 즉 블랙 스완의 영향 아래에 있다[14]'고 했어. 세상에 흰 백조만 존재한다고 생각해 왔는데 어느 날 갑자기 까만 백조가 나타난 거야. 사람들은 처음에 블랙스완을 두고 괴물이라며 받아들이지 못했어. 하지만 시간이 지나면서 익숙해졌고, 결국 블랙스완은 흑진주처럼 백조 중에서도 더 귀한 존재가 되었지.

이처럼 사회의 커다란 변화는 블랙스완과 같은 예상치 못한 사건으로 이루어지기 때문에, 기존의 경험과 데이터로 미래를 예측하

---

14 블랙스완, 나심니콜라스탈레브, 동녘사이언스, 2018.

기는 힘들어. 단순히 원인과 결과의 형태로서 사회 현상을 설명하는 것 역시 위험한 일이지. 블랙스완은 단순한 위기가 아니라, 운이 개입해 기회로 바뀌는 기적 같은 사건이기도 해. 아무도 예측하지 못했지만 갑작스러운 코로나 팬데믹과 같은 블랙스완으로 우리 사회가 엄청난 변화와 진화를 이룬 것처럼 말이야.

나심 탈레브는 세계를 '극단의 왕국'과 '평범의 왕국'으로 나누어서 바라보았어. '평범의 왕국'은 정규분포 안에서 움직이는 일상적이고 안전한 세상이야. 이 세계에서는 큰 변화도 없고 기존의 틀로 어느 정도 설명과 예측이 가능하지. 이곳에 속한 사람들은, 단적인 예로, 정상 발달 범주에 속하는 사람들일 거야. 하지만 '극단의 왕국'은 정규분포의 양 끝단에 위치한 획기적인 사건들, 즉 블랙스완이 일어나는 세계야. 불확실하고 불안정하며 기존의 틀로는 설명도, 예측도 불가능한 세계. 정상 범주의 밖에 존재하는 양 극단의 사람들이 여기 속하겠지.

'역사는 불확실한 사건들에 의해 지배될 것[15]'이라는 그의 말처럼, 이 세상을 획기적으로 변화시키는 사람들은 바로 이 '극단의 왕국'에 속하는 사람들이야. 검은 백조가 나타나 세상의 기준을 바꾸어버린 것처럼 말이야.

---

15 블랙스완, 나심니콜라스탈레브, 동녘사이언스, 2018.

역사상 세상의 혁명을 일으킨 사람들을 생각해 보렴. 아인슈타인은 5살 때까지 말을 못 했고 학창 시절 선생님은 그가 지적 능력이 떨어진다고 판단했어. 에디슨은 어릴 적 ADHD로 학교생활에 적응을 못했고 심지어 '학습이 불가능한 아이'라고 평가되었지. 윈스턴 처칠 역시 학창 시절 말을 더듬고 성적도 좋지 않았지만, 탁월한 연설 능력과 리더십으로 영국을 이끈 지도자가 되었어. 혁신의 아이콘 스티브 잡스도 학창 시절 문제아였으며, 일론 머스크도 자폐스펙트럼 장애 진단을 받은 것으로 유명하지.

앞서 말했듯, 네가 살아갈 앞으로의 세상은 더욱 극심한 불확실성 속에서 어떤 블랙스완이 나타날지 아무도 예측할 수 없는 '극단의 왕국'일 거야. 그 속에서 세상의 획기적 변화를 일으키는 주인공은 대다수의 평범한 사람들이 아니라,

'조금 남다른 사람'이야.

너처럼 말이야.

장애가 아니라

조금 남다른 사람이란 말이지.

확장된 시야와 파괴된 인식으로 너를 바라보니, 엄마의 관점이 바뀌었다는 것을 확실히 깨달았어. 그동안 엄마는 남들이 보는 방식으로만 너를 바라보고 있었던 거야. 이제 엄마는, 엄마 자신의 눈으로 너를 바라보기 시작했어.

이제 엄마에게
너는 더 이상 부족한 아이가 아니야.
너는 무한한 가능성과 잠재력을 가진 아이야.
너는 베토벤이자 헬렌켈러이고, 아인슈타인이자 에디슨이야.

아이야,
네가 바로 블랙스완이란다.

엄마는 너를 통해 새로운 관점과 시야, 그리고 진정한 사랑과 인간됨의 의미를 배웠어. 그 모든 배움은 결국, 엄마를 틀에서 해방시켜 주었단다. 네가 엄마의 눈을 뜨이게 했고 엄마의 인식을 깨뜨렸으며, 엄마의 미래를 희망으로 바꿔주었어.

고맙다.

엄마와 너를 가두고 있었던 그 낡은 틀을 깨고 나와
새로운 눈으로 너를 바라보니 이제야 비로소 보이는구나.
새로운 세상을 향해 힘차게 날아오르는
블랙스완의 아름다운 날갯짓이.

부(富)의 연금술

"돈이 많~았으면 좋겠어. 부자가 되고 싶어!"
네가 직접 '돈을 벌면서' 며칠 전 엄마에게 한 말이야. 네가 서서히 돈의 중요성을 온몸으로 알아가는 것 같아. 고등학생 때까지는 돈을 쓰느라 바빴는데, 언제 이렇게 훌쩍 자랐을까? 이제는 돈을 버는 네가 기특하구나.

요즘 너희 세대가 필사적으로 '돈'을 쫓는 마음, 너무나 잘 이해해. 높은 실업률과 이직률, 치솟는 물가 상승, 이를 반증하는 화폐가치의 하락, 중산층의 붕괴와 극심한 빈익빈 부익부 현상. 게다가 AI의 초고속 진화까지. 미래는 불안하고 불확실하지. 그런데 물질적으로 풍요한 너희 세대는 더 좋은 집에서, 더 많은 것을 소유하고, 더 여러 곳으로 여행 다니며, 더 좋은 교육도 받고… 누린 것이상으로 더 누리고 싶지만, 현실은 막막할 테야.

네가 고등학생 때 모의 주식투자를 한 적이 있잖니? 경기순환론을 공부하고, 산업별로 전망이 어떤지까지 조사하고, 수익이 날 만한 업종을 골라 투자했어. 그런데 투자 결과는 네 예상과는 달리 마이너스였어. 하필이면 러-우 전쟁 때문에 주식시장이 많이 흔들렸잖아. 그때 네가 씩 웃으면서 "주식투자로 돈을 불린다는 게 생각보다 쉽지 않네!"라고 했던 말, 기억나지?

하지만 넌 크게 두 가지를 배운 것 같아.
부자가 아닌 이에게 결코 부자 되는 방법을 배울 수 없다는 것.
그리고, 돈은 네 예상 밖 세상에 있다는 것. 즉, 실제로 돈의 흐름을 파악하지 않고서 책상 앞 공부로는 돈을 만들 수 없어. 너의 작은 실패 경험은 오히려 투자보다 훨씬 큰 이익이 되었지?

엄마도 아직 네게 알려 줄만한 부자는 아니야. 그래서 '돈'에 대해 공부하기 시작했고, 하다 보니 너와 함께 하고 싶어졌어. 그래서 이 편지를 쓰는 것이란다. 우리 함께 부자가 되자.

그래서 말인데!
정말 부자가 되기 위한 아주 기본 중의 기본을 알아냈어.
바로, **'돈'이 아니라 '부'의 마인드**라는 것을 말이야.

자, 지금부터 **'부의 연금술'**에 대해 엄마가 배운 것을 전해줄게.
엄마의 멘토가 들려준 이야기인데,

하수는 돈을 벌고,

중수는 돈을 불리고,

고수는 돈을 만들고,

초고수는 돈을 나눈대.

정말 멋진 말이지 않니?

그러니까, 진짜 부자는 무에서 유를 만드는 사람이야. 아르바이트를 해서라도 누구나 돈은 벌 수 있어. 재테크를 하면 돈을 불릴 수 있고. 하지만 진짜 부자는 자기 머릿속의 지식, 아이디어, 더 나아가 의지, 열정과 같은 내적 자원 모두를 자신의 뜻으로 뭉쳐서, 무형의 것을 유형으로 만드는 사람이야. 돈을 만드는 사람. 말 그대로 고수지. 그리고 돈이 지속적으로 창출되게 하여 잉여를 나누지! 엄마도 이렇게 고수와 초고수로 살고 싶어졌어. 너도 이제 성인이 되었으니 시작부터 '부의 마인드'로 출발하길 바란다.

시대와 환경을 막론하고 모든 돈은 무형을 쫓아서 흐른단다. 요즘 유명한 블랙핑크, 지드래곤, 아이유가 그래. 스스로 자신이 좋아하는 것을 하면서 돈이 돈을 벌게 만들지. 모두 무에서 유를 창조한 사람들이야. 섬세한 감각과 정신으로 돈을 만들어냈어. 그리고 나서는 돈이 돈을 불리도록 했지. 물론, 우리는 아이유도 아니고,

지드래곤도, 김연아도, 손흥민도 아니야. 특별한 재능을 기대하기엔 너무 늦은 감에 시달리기도 해. 하지만 꼭 이런 이들만 무에서 유를 창조하는 것은 아니란다. 어떤 사람은 아이디어 하나, 어떤 사람은 영화 한 편, 책 한 권, 그림 한 장에 자신의 사활을 걸어서 무에서 유를 창조해. 꼭 예술가가 아니어도 돼. 어떤 사람은 남들이 생각하지 못한 획기적인 제품 하나, 서비스 하나로 무에서 유를 창조하는 기업가로 성공해.

중요한 것은 **자신 안에 있는 '고유한 나'를 찾아서 그 '정신'을 물질, 즉 '돈'으로 만드는 마인드**란다.

엄마 역시 이 책을 집필하면서 무에서 유를 창조하는 과정을 거쳐왔어. 지금껏 없던 지식을 배우고 소화해서, 엄마의 정신에서 엄마도 모른 채 간과했던, 날이 선 하나의 정신을 건져냈어. 그렇게 너희에게 하고 싶은 말을 찾아냈고, 나만의 고유한 색깔, 음…, 사상이라 하기엔 거창하니, 근거 있는 주장이라고 할게. 엄마만의 색을 입혀서 이전에는 없던 글을 쓰고 있으니까. 글을 처음부터 잘 쓰지 못해도, 아는 것이 별로 없어도, 포기하지만 않는다면. 글 한 편을 쓰기 위해 지독하게 책을 읽고 사유하는 과정을 거친다면. **누.구.나.** 글을 창조해서 **무형의 정신을 유형의 물질로** 변환할 수 있단다.

정신을 물질로 만드는 과정. 하나의 작은 점에서 출발한 『엄마의 유산』이 많은 작가들과 함께 하면서 거대한 소용돌이를 일으키고, 마침내 그 끝에는 물질로 변환될 것이라 믿어. 한 사람에게 내재된 날카로운 정신 하나가 정성과 시간을 투자해서 위대한 위력을 가지게 되면 그 소용돌이는 자체의 원심력으로 휘몰아치며 주변을 휩쓸지. 거대한 물질로 보상된다는 말이야. 이것이 '돈'을 '돈'으로 보지 말고 '정신의 부'로 봐야 하는 이유야.

돈, 그러니까 물질을 더 크게 불리려면, 물질을 비물질, 그러니까 '부(富)'라는 거대한 시선에서 먼저 바라볼 필요가 있다는 것이야. 이것이 오늘 네게 알려주고자 하는, 시대를 막론하고 반드시 부자가 되기 위해 알아야 할 한 가지야.

돈을 버는 단계,
돈을 불리는 단계,
돈을 만드는 단계,
그리고 돈을 나누는 단계 중에서,

엄마는 지금까지 돈을 벌어서 불리는 것에만 애쓰다가, 이제 돈을 만드는 과정을 시도했단다. 너는 어떠니? 벌고 불리는 것에 한정하지 말고, '만드는' 단계를 시작하렴. **부를 진정으로 '누리기' 위해서는 '만드는' 단계가 꼭 필요해.**

부자는 돈만 많은 사람이 아니야.
'부유한 현자[1]',
다시 말해서 부에 대해 올바른 정신을 갖추고 그것을 자산으로 만들어 지속적이고 영속적인 소득을 창출하는 사람이 진정한 부자야.

> '그 사람이 거둔 성공의 크기 때문에 존경받는 것이 아니다.
> 그 사람이 오랜 세월 동안
> 충분히 정상 도전을 시도했기 때문에 존경받는 것이다.
> 경제적 자유와 함께
> 해박한 지식, 풍부한 경험, 연륜과 통찰을 두루 갖춰야
> 진정한 부자다[2].'

자, 네 주변을 둘러보렴. 재산이 많아도 부에 대한 관점이 바르지 못해서 흥청망청 돈을 쓰다가 나락으로 떨어진 패배자들, 갑자기 부자가 되어 돈을 어떻게 써야 하는지 몰라서 과소비만 일삼는 졸부들. 우리 이런 '돈의 하수'가 되지 말고, 진정한 '부의 고수'가 되어보자.

엄마는 이렇게 '정신을 물질로 변환'한다는 명제를 직접 경험하

---

1 그럼에도 인생은 흐른다, 루키우스안나이우스세네카, 페이지2, 2023.
2 멘탈의 연금술, 보도섀퍼, 토네이도, 2020.

면서, 고대부터 금을 연구했던 **연금술사**에 흥미를 느끼게 되었어. 연금술사[3]는 값싼 금속으로 금을 만들어내는 사람이잖아. 그런데 왜 하필 금일까? 금은 아주 단단해서 변하지 않는 특성 덕분에 가치가 매우 커. '부'의 상징이지.

그렇다면, '납을 금으로 변화시킨다'의 진짜 의미는 뭘까? 바로, 무지몽매한 인간을 금과 같이 지적이고 영적으로 고귀한 인간으로 '승화'시킨다는 뜻이야. 연금술사가 완벽하게 금을 제조하는 목적이 물질만을 중시하는 부자가 되기 위함이 아니란다. **자신의 영혼도 금과 함께 완전한 존재로 변화(transformation)하기를** 바랐던 거야. 사물에 함유되지 않은 성분은 제아무리 제조해도 생성될 수 없단다. 연금술사들은 모든 원석에 금의 본질이 잠재되어 있어서 금을 만들 수 있다고 생각했어. 지금 네 스스로의 모습을 하찮게 여기더라도, 그 안에는 금을 만들어낼 소중한 자질이 분명히 있단다. 지금 가난하고 취업을 하지 못했어도, 누구나 자신만의 연금술을 시작할 수 있어.

부의 연금술 1단계 : 부에 대한 정신을 정화하렴.
연금술사는 금을 만들기 위해서 원석을 정제하는 것부터 시작해.

---

3 연금술사는 순수하고 영묘한 '현자의 돌'을 얻고 물질의 작용을 알기 위해 여러 화학 실험을 거친다. 연금술은 어떤 물질에서 불순물을 제거해 순수한 물질을 만드는 과정이다. 화학, 금속학, 물리학 등으로 금속에서 금을 정련하려는 시도는 고대부터 19세기까지 2,500여 년 동안 철학과 함께 상호작용해왔다. 연금술은 현대에 화학이 되었다 (한국산업기술진흥협회, 위키피디아 발췌 인용).

소성(燒性, Calcinatio[4])이란 뜨거운 불에 원석을 태워서 불순물을 제거하는 과정이야. 불순물이 타면 모든 더러움은 재로 변하고, 도가니[5] 그릇에는 깨끗한 원석만 남아. 첫 번째 변환이 일어난 거야.

우리도 이래야 해.
우리에게는 우리만의 원석이 있어.
원.석.
원래 그 자체인 것 말이야.

네 원석은 너의 본성, 너라는 존재의 중심, 너만이 지닌 특별하고 고유하고 본질적인 그 무언가야. 그 원석이 금이 되는 기본이란다. 그러니까 이만큼 성장한 너지만, 너만의 본성적 자질이 무엇인지, 너만이 가진 그 특별함을 한번 찾아볼 필요가 있어. 천부적으로 타고났든, 후천적으로 키워졌든 상관없단다. 소성. 뜨거운 불에 원석을 태워 불순물을 제거하듯 네 안에 자리잡힌 잘못된 부에 대한 인식부터 태워 보자. 그것이 뭘까?

태우기 전에 우선, **네 정신과 신체, 영혼 가운데서 '영혼'을 믿어보는 것이야.** 이건 아주 간단한 원리 때문이지. '이걸 배워볼까? 나

---

4 연금술사들의 연구는 라틴어로 기록된 점을 고려해 연금술 과정을 라틴어로 병기하였다.
5 도가니는 주로 금속을 녹이는 데 사용되는 용기이다 (표준국어대사전).

는 이 전공을 하고 싶은데?'라는 마음으로 그것을 배우면서 정신을 키우고, 그 정신이 널 행동하게 했지. 결국, 본성의 원천은 영혼이란다. 원천에는 원석이 있겠지. 그러니까, 너 또한 너의 삶을 금으로 바꾸기 위해 가장 먼저 **너의 원석, '영혼'을 정제하렴**. 맑게 순수하게 가꾸라는 말이지.

이제, **우리도 소성을 통해 정신의 불순물을 제거해볼까?**
네 부의 원석을 들여다보렴. 혹시 부에 대한 부정적인 생각이 자리 잡고 있지 않니? 생각은 후천적으로 인식된 것들이잖아. 거의 환경의 지배를 받는다고 봐도 무방해. 엄마도 그랬거든. 무의식적으로 부를 부정적으로 생각했어. 부자가 되고자 하는 마음도 소극적이었어.

엄마도 모르게 '돈을 좇는 건 속물이야.', '부자는 피도 눈물도 없지. 돈은 제로섬(zero-sum) 게임이잖아.', '내가 부자가 될 수 있을까? 그만한 운이 없는데… 에이, 이 정도면 됐어. 편하게 살자.'

엄마 안에 이렇게 뿌리 깊이 돈을 터부시하는 인식이 있더라. 왜 이런 생각이 자꾸 고개를 들었을까? 부와 돈에 대해서 너무 몰랐고, 안 좋은 부자 사례를 많이 접했어. 주변에 진정한 부자를 두지 못해서 그래. 게다가 스스로를 변화시키는 것이 귀찮고 싫었나 봐. 그냥 편하게, 현실에 안주하고 싶었던 탓도 있을 것이야.

그러니, 부의 원석에서 너의 꿈을 갉아먹는 불순물들을 소성시키자. 부에 대한 부정적인 생각, 변화에 대한 저항심, 평균적 삶에 대한 안주. 이러한 부에 대한 잘못된 관념(성,性)을 태워 없애고(소,燒) 올바른 부의 본질만 남기는 강렬한 정화의 과정.

물론 아이야, 완전히 소성시키는 과정은 당연히 고통스러울 수밖에 없어. 하지만 그 고통을 기꺼이 마주하렴. 크게 얻으려면 크게 치르는 것이야. 어려운 결과를 손에 쥐려면 어렵게 가야 해. '이제 나도 내 정신에서 황금을 찾아 연성(煉成[6])할 것이야!' 하고 결심해 보는 건 어때?

네 정신의 불순물을 기꺼이 녹여내고, 너의 내면을 오롯이 비워내는 시간. 그리고 그 자리에 본성적으로 함유된 너의 원석을 찾아서 **부의 목표, 부에 대한 새로운 마인드를 세우는 것. 지혜로운 부의 고수가 되기 위한 가장 중요한 첫걸음**이란다.

만약, 원석, 그러니까 본성에 의존한 소성 없이, 돈만 좇는다면 분명 돈이 많은 사람은 될 수 있겠지만. 죽을 때까지 돈 때문에 일하거나 무엇을 위해 이리도 돈을 버는지 몰라서 공허하거나 누가 돈을 가져갈까 봐 전전긍긍하며 부에 대한 습관화된 갈증을 끝없이 느끼며 살지도 몰라.

---

6 연성(煉成): 1.몸과 마음을 닦아서 일을 이룸. 2.쇠붙이를 불려서 물질을 만듦 (표준국어대사전).

결국 돈의 주인이 되지 못하고, 돈의 노예가 되지. 그런 불행한 부자들, 부를 축적하는 것이 삶의 목적이 되어버린 사람들... 너무나 많지 않니?

'우리가 부를 지배하면 부유하고 자유로워질 것이고,
부가 우리를 지배하면 정말 가난해질 것이다[7].'

이제는 '돈의 주인'이 되어보는 건 어떨까?
부의 선순환을 위한 시작을 지금 당장 시도해 보렴.

진정 귀하게 쌓은 '부'는 계승되어야 해. 계승이란 이어지고 확장되는 거야. '부의 대물림' 연구에서 부자 집안의 70%가 2세대, 90%가 3세대 내에 부를 잃는다는 결과[8]가 나왔어. 이 말은 뭘 의미하겠니? **'돈'이 계승되는 것이 아니라 '정신'이 계승되어야 '부' 가 지속된다**는 의미겠지? 부의 정신에는 미래에 대한 명확한 꿈, 꿈을 위한 끊임없는 노력과 학습에 대한 열정, 정직한 노동의 가치, 나눔의 기쁨 등 소중한 요소들이 담겨 있단다.

이렇게 추상적이고 막연한 꿈을 실제로 이룬 사례를 들어보면 좀

---

7 The Works of the Right Honourable Edmund Burke, Edmund Burke, Rivington, 1826.
8 윌리엄스 그룹(Williams Group)이 3,200개 부유한 가정을 20년간 연구한 결과, 부유한 가정의 70%가 2세대 안에 부를 잃고, 90%가 3세대 안에 부를 완전히 잃었다. 주요 요인은 풍요로운 삶에만 집중하고, 생활방식을 창조하고 유지하는데 필요한 교육이 부족했던 것으로 분석된다(상속을 준비하라, 로이윌리암스 외, 한솔, 2008.).

더 확신이 생기겠지? 세상에 단 한 사람이라도 꿈을 이룬 사람이 있다면, 그건 더 이상 추상이 아니라 실재니까. 멜린다 프렌치 게이츠[9] 알지? 재단을 설립해서 엄청난 기부금을 모았고, 전 세계의 어려운 사람들을 적극적으로 돕고 있어. 워런 버핏[10]이 그 재단에 기부한 액수만 390억 달러(약 53조 원)라니, 놀랍지! 전 세계 부자 수백 명이 재산의 50% 이상을 기부하기로 서명했대. 그야말로 진정한 '선한 부자'의 모습이야.

'흙수저' 출신 부자, 보도 섀퍼[11]와 롭 무어[12]는 어떨까? 그들은 모두 20대에 빚더미 속에 파묻힌 신용불량자에 파산자였어. 하지만 부에 대해 공부하고, 습관을 바꾸고, 끊임없이 실천했어. 명확한 목표를 이룰 때까지 멈추지 않았지. 결국, 젊은 나이에 인생 밑바닥에서 원하는 삶으로 탈바꿈하는 데 성공했단다. 책의 인세로만 수십억 원을 벌었다니, 정말 대단하지? 이들의 첫 시작은 바

---

9 멜린다 프렌치 게이츠(Melinda French Gates, 1964~) : '빌 앤드 멜린다 게이츠 재단'을 통해 세계적인 빈곤과 질병 퇴치를 위해 앞장섰고, 워런 버핏, 빌 게이츠와 함께 기부클럽 '더기빙플레지'를 창설해 억만장자가 절반 이상 재산을 기부하는 서명운동을 하도록 했다.
10 워런 버핏(Warren Buffet, 1930~) : 장기투자와 기부문화에 앞장섰다. 버크셔 해서웨이를 인수해 60년 동안 회사 주가를 550만 2,284% 상승시킨 경이로운 성과를 냈는데, 투자 수익률은 연평균 20%였다.
11 보도 섀퍼(Bodo Schäfer, 1960~) : 독일 출신 세계적인 금융 전문가. 26세에 파산하고 돈이 불어나는 원리를 깨우쳐 30세에 완전한 경제적 자유를 이루었다. 돈과 성공, 행복의 문제를 연구하여 부의 축적 원리에 대해 강연과 집필 활동을 펼쳐 수천만 명의 삶을 바꿨다. 대표 저서로 『보도 섀퍼의 돈』, 『보도 섀퍼의 이기는 습관』, 『멘탈의 연금술』, 『열두 살에 부자가 된 키라』, 『보도 섀퍼 부의 레버리지』 등이 있다.
12 롭 무어(Rob Moore, 1979~) : 영국에서 가장 빠른 속도로 자수성가한 사업가. 사업이 모두 실패해 파산했지만, 자본주의 원리를 깨닫고 레버리지 기술을 터득해 3년 만에 완전한 경제적 자유를 이루었다. 500채 이상의 부동산을 소유한 그는 영국에서 가장 큰 부동산 기업 프로그레시브 프로퍼티(Progressive Property) 등 8개의 사업체를 가지고 있다. 대표 저서 『레버리지』와 『머니』는 아마존 베스트셀러 1위를 기록했다.

로 '소성'부터였어. 부에 대한 '루저 마인드', 즉 불순물을 제거한 후 '부자 마인드'를 바로 세워 부의 고수로 발돋움하게 된 거지.

'평균적인 삶을 살겠다는 것은
마이너스 성장을 하겠다는 선언이다.
조금씩 조금씩 하향곡선을 그려도
가난한 자와 부자의 중간쯤에만 위치하면 만족하겠다는
'자포자기'다.
가난한 상태는 싫지만, 부자가 되면 책임질 많은 문제들도
떠안기 싫다는 비겁한 '입장표명'이다[13].'

와, 엄마는 이 말을 듣고 둔기로 한 대 얻어맞은 것 같았어. 안온한 삶과 소비생활을 가까이했던 탓에 지금은 그들과 엄청난 격차가 나버렸으니까. 후회되는 것이 한두 가지가 아니더라. 돈을 만들겠다는 생각을 왜 못 했을까? 그저 남들 사는 만큼, 평균의 삶을 사는 것에 왜 만족했을까?

하지만, 지금도 늦지 않았다고 생각해. 원대한 꿈을 품고, 목표를 세워서, 부를 창출해 보려고. 이 모든 여정을 통해서 네게 좋은 선례를 보여주고 싶어서 끊임없이 공부하고 있어. 엄마를 지켜봐 주렴.

---

13 멘탈의 연금술, 보도섀퍼, 토네이도, 2020.

부의 연금술 2단계 : 부를 위한 물질을 창조하렴.

연금술사는 정제된 원석을 물로 녹이고 재조합해서 새로운 물질을 만들어내. **용해(溶解, Solutio)**란 원석에 용매를 넣어 새로운 물질로 탄생시키는 과정이야.

네 영혼의 원석에 부의 정신을 얻었으니, 이제 **네 수입과 지출 구조를 녹이고(용,溶) 풀어내야 해(해,解)**. 정말로, 이 단계는 너의 꿈과 열정을 펼치기 위한 필수 과정이란다. 돈의 원리를 제대로 이해해야 부를 창출할 수 있으니까.

여기서 이해해야 할 단어는 두 가지야.
'현금 흐름'과 '비활동 소득'.

그러니까, 비활동 소득으로 현금 흐름을 창출해야 해. 일하지 않아도 현금이 꾸준히 들어오는 구조를 만드는 것이 진정한 고수의 시작이야. 이 모든 것들이 '부의 마인드'라는 든든한 토대 위에서만 가능해. 그러니, 네 노동의 대가와 시간의 투자로 들어오는 월급에만 의존한 단일 수입 구조는 '용해'시켜 버려야 해.

'비활동 소득이란 배당, 이자, 임대료, 특허권 사용료와 기타 소득처럼 일하지 않고 버는 돈, (중략) 나를 위해 일하는 돈[14]'이야. 즉

---

14 백만장자 시크릿, 하브에커, 알에이치코리아(RHK), 2020.

현금이 흘러가는 자산 시스템을 구축해야 해. '토마 피케티[15]'는 역사적으로 돈이 돈을 버는 속도(자본소득)가 노동으로 돈을 버는 속도(노동소득)를 앞질렀기에 자본을 보유한 계층과 그렇지 않은 계층 간 격차가 점차 더 커진다고 경고했어. '워런 버핏'은 '잠들어 있는 동안에도 돈을 벌 수 있는 방법을 찾지 못한다면, 당신은 죽을 때까지 일해야 할 것'이라고 했고, '나심 탈레브[16]'도 아이디어형 인간을 강조하면서, 시스템 수익을 만들어야 한다고 했어. '하브 에커[17]'는 '고정 수입원'을 기반으로 '새로운 수입원'을 계속 창출하라고 했지. 지금은 네 시간과 돈을 맞바꾸는 근로 소득뿐이라도. 전문분야를 선택하면 비활동 소득까지 모두 다 가질 수 있다는 거야.

그러니, '보도 섀퍼'가 여러 번 강조한 것처럼[18], 일한 만큼만 버는 노동 소득에 그치지 말고, 만들자. 황금 거위라는 자본금을 마련해 황금알인 비활동 소득을 낳아서 경제적 자유를 이루도록 실천하며 배우자.

아이야,
돈을 터부시하지 마라.

---

15 21세기 자본, 토마피케티, 글항아리, 2014.
16 블랙스완, 나심니콜라스탈레브, 동녘사이언스, 2018.
17 백만장자 시크릿, 하브에커, RHK, 2020.
18 보도 섀퍼 부의 레버리지, 보도섀퍼, 비즈니스북스, 2023.

부를 위해 돈을 이용해라.
잉여된 돈은 너에게 '자유'를 보장해 준단다.

네가 원하지 않는 일은 하지 않아도 될 자유,
네가 돈에 구애받지 않고 원하는 것을 자유롭게 선택할 자유,
그렇게 **네가 네 삶의 주인으로 네 삶을 선택할 자유** 말이야.
어떻게 시작해야 할까? 방법은 여러 가지겠지.

우선 **물질적인 투자와 비물질적 투자**로 나눌 수 있을 것 같아. **물질적인 투자**라면 일단 종잣돈 1천만 원을 만들겠다는 목표부터 세워보는 것이야. 1천만 원을 만들어 보면 1억 원도 만들 수 있거든. 1천만 원 만드는 것을 10번 하면 되니까. 다만, 먼저 만든 1천만 원을 위에 말한 대로 현금흐름으로 변환시킨 다음에, 또 만들어진 1천만 원을 다시 현금흐름으로, 그렇게 반복하면 돼. 그러니까 너는 1천만 원을 만드는 노동과 1천만 원을 불리는 행위를 동시에 반복해서 1억, 10억, 100억, 그 이상으로 자산을 키울 수 있어.

또한 **비물질적 투자**라면 너만의 컨텐츠를 지속적으로 개발하는 것이지. 엄마가 글을 쓰는 것처럼 말이야. 물론 힘들겠지. 그래도 30일, 90일 동안 새로운 습관을 실천해 보자. 1년 뒤, 5년 뒤, 그래서 10년 뒤에 달라져 있을 너의 모습을 상상하면서 한 번 달려 보자! '월급'에 만족하지 말고 '고정 수입원'을 기준으로 '새로운

수입원'을 계속 창출해라.

그러려면 지금의 삶과 완전히 달라진 새로운 삶의 태도가 필요해. 지금보다 훨씬 더 노력해야 할까? 물론, 노력은 기본이야. 기본을 더 하는 것이 아니라 어디로, 어떻게, 얼마나 노력하느냐가 중요하지. 상상을 초월하는 너만의 거대한 목표를 설정하고, 그 목표를 향해 멈추지 않고 나아가면, 반드시 다다를 수 있을 것이란다.

'정신의 금이 손아귀의 금[19]'이 되도록!
너도 할 수 있어.
엄마도 할 수 있고!
돈을 만들고, 불리고, 잘 쓰는
지혜로운 부자들의 어깨에 올라서서[20] 너만의 **'부의 연금술 방식'**을 만들어 보렴.

부의 연금술 3단계 : 부의 보이지 않는 요소들을 굳혀보렴.
연금술사가 원석을 용해했다면, 이제는 액체를 굳힐 차례야. **응고(凝固, Coagulatio)**란 굳혀서 형태를 만드는 과정이야. 원석이 녹아있는 용액에 고유한 색깔과 형태를 갖춘 금속 결정이 생기는 것이야.

---
19 브런치 시작부터 결심하고 지금껏 지키는 5가지, 김주원, 브런치스토리, 2025.
20 '거인의 어깨에 올라서다'라는 관용어를 변형했다. 12세기 프랑스 철학자 베르나르 샤르트르가 라틴어로 처음 사용했다(The Metalogicon(논리학 변론), John of Salisbury, Paul Dry Books, 2009.).

너도 부의 연금술을 시작했으니, **응고(凝固)를 통해서 '부'가 너에게 떠나지 않게 굳혀야 해.** 네 삶 속에서 더 크게 풍성해져 좋은 곳에 쓰일 수 있도록 말이야. 그러기 위해선 제아무리 부자라도 결코 손에서 놓지 않는 요소들이 있단다. '지식과 경험', '관계', '시간'이야. 이들을 **서로 엉기게 해서(응,凝) 단단하게 굳혀야(고,固)** 해.

그러기 위해 제발 **현자의 지혜를 얻으렴**. 사실 자기계발서가 난무하지만 자기계발이 이뤄지지 않는 경우는 현자의 지혜를 품지 못한 채 책을 활자로만 읽어서일 거야. 아이야, '지식과 경험은 금'이란다. 삶의 공부는 학교에서 배운 것을 기반으로 책과 경험에서 얻을 수 있어. 끊임없이 성현들로부터 배우렴.

> '돈은 자신을 알아주는 주인을 섬긴다.
> 돈의 가치를
> 진실로 아끼고 사랑하는 주인을 위해 증식하면서
> 부지런히, 그리고 만족스럽게 주인을 위해 일한다.
> 하지만 아무렇게나 불어나는 것은 아니다.
> 돈을 다루는 현명한 능력을 갖추고 투자하는
> 주인에게만 달라붙는다[21].'

---

21 나를 아는 지혜, 발타자르그라시안, 하문사, 1997.

책, 강의, 온라인 강좌… 배울 수 있는 환경은 이미 갖춰진 것 같아. 지혜롭게 선택하고, 선택한 배움에는 '돈 아깝다' 여기지 말고 투자하렴. 결코 무료만 찾지 말자. 유료 강의의 질과 수준은 분명히 다르단다. 돈을 내고 배운 것과 공짜로 들은 것의 차이는 정말 커. 네 수입의 10%씩 매월 자기 계발에 투자해 보렴. 그 투자로 얻은 지식과 스킬이 네 자산을 몇 배로 불려준다면, 이보다 더 확실한 투자가 어디 있겠니? 이렇게 지식을 쌓으면서 삶의 경험을 보태야 한단다.

그리고, 어디든 떠나렴. 시간, 돈이 비록 부족하다 할지라도 형편되는대로 떠나보렴. 새로운 관점, 더 넓어진 시야, 그리고 새로운 인연을 통한 깨달음을 얻을 수 있어. 알고 있니? 스티브 잡스는 인도 배낭여행에서 아이폰의 영감을, 에어비앤비 창업자들은 파리 여행에서 아이디어를 얻었다는 걸 말이야. 경험은 절대 빼앗길 수 없는, 너만의 영원한 자산이란다. 낯선 곳으로의 여행을 통해 너 자신과 대화하며 더 깊어지렴. 그 경험은 '거대한 너'가 되기 위한 경험적 자산으로 구축될 거야.

'나는 삶이 계속 흘러가는 대로 계속 나아간다.
내가 생각하는 것이 무엇이든,
나는 그것을 쓸 준비가 되어 있다.
내가 말하든 안 하든,

나는 항상 나 자신과 대화한다[22].'

또한, '관계'의 금으로 부의 소용돌이를 만들어 보렴. 아무리 많은 금을 손에 쥐고 평온한 정신을 가졌다 해도, 그것은 결코 혼자서 만든 것이 아니야. 또한 혼자 누려서는 빛날 수 없어. 사람이 있는 곳에 돈이 있고, 돈이 있는 곳에 사람이 모인단다.

앞서 말했듯이, 돈도 자기를 좋은 곳에 써주는 이에게서 활발하게 활동해. 그래서 돈을 응고하려면 '관계'도 '금'과 같이 중요히 여겨야 한단다. 가족, 친구, 동료들과 깊고 진실하게 연결되는 것은 귀한 보석이자 소중한 자산이지. 아울러, 삶의 멘토를 찾아 따르고, 동료들과 좋은 관계를 유지하렴. 평생 실질적인 조언을 들을 수 있고 협업할 수 있는 기회가 생겨.

가장 수익률 높은 투자는 '사람'이야. 그러니 '관계'는 너무나 중요하지. 사람에게 쓴 돈은 언젠가 몇 배로 돌아온다는 것을, 엄마는 경험으로 알고 있어. 홀로 꿈을 정해 부를 찾아가는 길은 외롭고 불안하고 힘들 수 있어. 너와 같은 목적을 가진 동료들을 만나게 되면 그들과 함께 더 쉽게, 더 커진 '부의 파이'를 창출할 수 있단다.

---

22 수상록(Essais), 미셸드몽테뉴, 동서문화사, 2009.

타인의 존재 앞에서 우리는 책임을 느끼고, 그들과의 관계 속에서 스스로의 존재 의미를 찾게 돼. 선한 영향력을 주고받는 이러한 관계들은 너의 삶을 더욱 단단하고 의미있게 만들어주지. 이렇게 너를 비롯해 모두가 함께 성장해 나가는 과정이 바로 **'공진화'**란다. 마지막으로, **'시간의 금'**을 소유하렴. '시간은 금'이라는 말, 귀가 따갑도록 많이 들어봤지? 그런데, 진짜 그렇다고 생각하니? 네가 그토록 갈망하는 '자유'에는 '시간의 금'이 아주 필요하거든. 시간에 쫓겨서 진정으로 하고 싶은 일을 미루는 삶이 아니라, 너의 시간을 오롯이 네 뜻대로 사용할 수 있는 특권.

시간을 금처럼 쓰렴. 노동 수입에 의존하는 바쁜 일상이라도 너 자신의 깊은 인성을 위해, 미래에 대한 밝은 기대를 위해 시간을 투자해야 해. 그 시간이 곧 돈으로 변환될 것이니까. 또한, 만 원을 아끼려고 십만 원어치 시간을 쓰거나 천만 원의 투자 기회를 놓치는 것은 부자의 마인드가 아니야. 그 이유가 뭔지 아니? 바로 시야가 좁기 때문이야. **시야가 좁으면, 보이지 않는 기회를 보지 못해 잃게 되는 법이거든.**

그러니, 너만이 할 수 있는 일에 너의 시간을 써. 남에게 맡길 일은 남에게 맡기고. 그러니까 네 시간을 위해 필요한 자원을 아웃소싱하는 것도 생각해 봐. 예를 들어, 네가 하는 일을 자동화된 시스템으로 만드는 방법도 고민해 보렴. AI를 활용해서 업무를 자동화하게 된다면 네가 써야 하는 시간이 절약되고, 그만큼 너는 시간을 확보하게 돼. 너는 그 시간을 너의 가치를 높이고 너의 부를 불리는 데 쓸 수 있게 되니, '시간의 선순환'은 곧 '부의 선순환'을 견인할 수 있지. **네가 시간의 주인이 될 때, 너는 진정으로 부의 연금술사가 되어 네 삶을 금으로 만들어낼 수 있어.**

부의 연금술 4단계 : 부를 위한 순환 체계를 구축하렴.
연금술사는 금을 만들기 위한 실험을 멈추지 않아. 순도 높은 금을 만들기 위해 완성된 금속을 끊임없이 순환시켜. **순환(循環, Circulatio)**이란 증류와 정제를 여러 번 반복하면서 순도를 높이는 과정을 말해.

첫 번째 순환에서는 불순물이 많겠지만, 두 번째, 세 번째를 거치면서 점점 더 원하는 성질을 갖게 돼. 연금술사는 같은 작업을 반복하면서 조금씩 더 완벽해진단다. 마치 **나선형 계단을 오르듯, 같은 과정이지만 매번 더 높은 차원으로 올라서게 되는 것**이야.

너도 네가 발굴한 **부의 요소들을 계속 돌리면서(순,循) 자기 증식을 하고, 순환 고리(환,環)가 안정적으로 이루어지는 시스템**을 만들어 가렴. 한 바퀴 돌리는 것에서 끝내는 것이 아니라, 여러 번 돌리면서 너의 부가 안정적으로 흐르도록 말이야. 수익의 일정 비율을 다시 투자해서 복리 효과를 창출하고, 작은 성공을 레버리지로

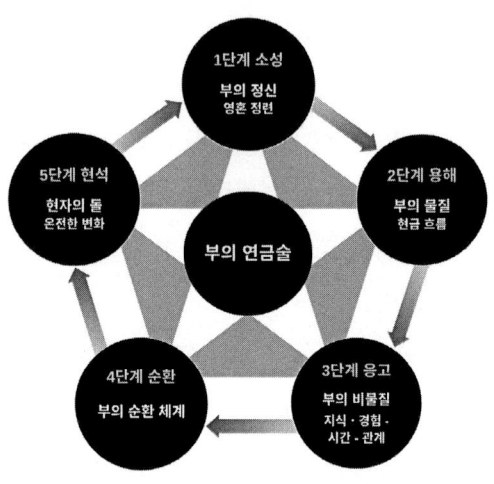

〈 부의 오각별과 연금술 5단계 〉

활용해서 부의 가치가 증폭되는 더 큰 기회를 창출하렴. **정신-돈-지식과 경험-관계-시간의 금이 수익이 되는 순환구조**, 부의 요소들이 서로 영향을 주고 받으면서 더 큰 수익을 만드는 선순환 구조를 너의 삶에 만들어 보는 거야.

이제 마지막 단계야.
부의 연금술 5단계 : 부를 위한 현석을 완성하렴.
연금술사가 순환을 여러 번 반복하면 도가니 안에 이전과는 완전히 다른 물질이 나타나. 기존 금속들과는 다른 색깔과 성질을 갖고 있지. 연금술사가 수백 시간의 노고, 무수한 실패와 재시도, 그리고 정교한 조건을 조절한 끝에 얻은 것.

바로 '현석(賢石[23], Lapis Philosophorum)!'
'현자의 돌'을 만들어 낸 것이야.
모든 금속을 금으로 변화시킬 수 있는 현석.

너도 드디어 부의 연금술을 완성했어. 그동안 너 자신을, 그리고 너의 삶을 연성해서 '현자의 돌'을 창조한 것이야. 부의 연금술사인 너는 정신의 금, 시간의 금, 관계의 금, 지식과 지혜의 금을 네 손아귀의 금으로 변환한 것이야. 완전한 존재로의 변환.

엄마가 네게 남겨줄 진짜 유산은 돈이 아니야. 바로 '정신을 물질로 변화할 수 있다는 믿음과 변화 방법'이란다. 엄마가 알려준 **다섯 가지 부의 원소들 – 부의 정신, 물질, 지식과 지혜, 관계, 시간은 결코 독립적이지 않아**. 서로 영향을 주고 받으며 상승효과를 일으켜서, 완전히 새로운 현자의 돌로 완성시키지. 원석에서 금을, 즉 무에서 유를 창출해. 네가 직접 일하지 않아도 돈이 너를 찾아올 역량을 갖추게 된 것이고, 어떤 상황에서도 부를 창조할 능력이 생긴 것이고, 다른 사람도 부의 연금술사로 만들 수 있는 전수 능력까지 갖추게 된 것이야.

---

[23] 현자의 돌(Philosopher's Stone) : 연금술의 궁극적인 목표 중 하나로, 모든 금속을 금으로 바꿀 수 있다고 믿어지는 전설의 물질이며, 어떤 문제를 해결하는 궁극적인 해결책이나 비법을 의미한다. 카잔차키스는 그의 저서(영혼의 자서전(하), 니코스카잔차키스, 열린책들, 2013.)에서 '현자의 돌이란 인간이 구하기 어려운 외적인 어떤 요소이기 때문에 자연법칙을 어겨야만 구해지는 것이 아니라, 자신의 마음이었기 때문이다.'라고 했다.

14K 금은 순환을 거듭하면서 18K 금이 되고 다시 정제되면서 마침내 24K 금으로 탄생된단다. 이렇게 네 인생을 가치있는 순금으로 만들어 가렴.

아이야,
너는 금같이 살아라.
너는 금하고 살아라.
너는 금으로 살아라.
늘 반짝이며 살아라.
내면의 정신으로 부를 창출하며 살아라.
남을 이롭게 하기 위해 스스로를 세워 살아라.
넉넉히 누리며, 즐기며, 나누며 살아라.

아이야, 잊지 않길 바란단다. 영혼의 원석을 정련할 때 금의 순도가 높아지고, 이렇게 탄생한 금은 자유를 위한 기반이 되며, 얻게 된 자유는 관계와 경험의 금을 더 풍요롭게 연성해. 이렇게 너만의 부의 체계가 완성되면 경제적 자유는 네 것이란다. 세상은 계속 변하고 있어. 돈을 만드는 방식도 시대에 따라 진화하고 있어. 부자들은 미래를 예측하고, 그 변화에 발 빠르게 적응하면서 새로운 기회를 포착해. 이제는 더 이상 '열심히 일해서 저축'하는 것만으로는 부자가 될 수 없어. 과거의 방식만 고집하면 뒤처질 수밖에 없다는 것, 너도 잘 알고 있지? 변화를 막을 수 없지만, 두려워

할 필요도 없단다. 이제 너는 '부의 연금술'을 알게 됐으니 말이야. 인공지능과 같은 새로운 기술과 산업 흐름에 잘 협력하면서, 너의 지식과 재능을 어떻게 접목해 너를 지속적으로 전문화할 것인지, 그래서 부를 어떻게 창조해 낼 것인지 재미있는 상상을 끊임없이 해보렴. 진정한 연금술사는 24K 순금 이후부터가 진짜 시작이란다. 더 큰 부의 생태계를 창조하지.

'돈=부=악'이라는 타성에 젖은 관념은 당장 갖다 버리렴!
'꿈=정신=부=선[24]'이라는 진정한 부의 공식을 반드시 기억하렴!

엄마는 확신해.
순수한 황금을 연성해낼 꿈과 정신이 너에게 있다는 걸.
너는 해낼 수 있다는 걸.
너라는 연금술사가 만들어낼 눈부신 황금 인생이 기대되는구나.
엄마가 좋아하는 글귀로 편지를 마칠게.

'자아의 신화를 이루어내는 것이야말로
이 세상 모든 사람들에게 부과된 유일한 의무지.
자네가 무언가를 간절히 원할 때
온 우주는 자네의 소망이 실현되도록 도와준다네[25].'

---

24 현자의 돌을 만드는 부의 연금술사가 되어라(1), 끌레린(김채희), 브런치스토리, 2025. 지담 작가의 댓글, '꿈 = 부 = 선 = 나' 공식에서 발췌인용.
25 연금술사, 파울로코엘료, 문학동네, 2005.

사랑이라는 이름으로

오늘도 충고 베풀기로 하루를 시작한다

그렇게 하면 안 된다는 훈계로 아침 인사를 나누고
의견을 설득하여 선포한다
예, 아니오 명확한 해답으로 분명한 의사를 요구하고
잘하라는 격려로 서두른다

어리숙해 보일까 노파심으로 밀어붙이고
나쁜 습관을 고치려 조바심 낸다
너보다 큰 책임을 부여하고
보기 좋은 규칙과 테두리 안으로 민다

지는 것보다 이기길 속삭이고
경쟁도 배우는 거라며 응원한다
잘못하고 실패한 것은 놓치지 않고 조언하며
부탁하는 말은 꼬투리 없이 순종하길 바란다

더 큰 꿈 꾸길, 저 놓은 곳에 이르길 손뼉 치고
큰 영웅처럼 되리라 안아준다

말한 기억만 있을 뿐
나를 더듬던 너의 말들은
나의 밖에서 웅크리고 있다

사랑이라는 이름으로
너를 향한 시선과 바람을 기도로 가둔다

정말 미안하다

내면의 빛은
그것이 사랑이 아니란 걸
일찍이 알려주었다

강해정
김주현
김채희
서유미
정근아
정아라

엄마의 정신을 남기며…

엄마가 바라는 기준이 아니라 자녀의 삶에 기준이 될 정신의 편지여야 했습니다. 엄마의 경험이 전부가 아니어서, 성현의 지혜를 배우며 따르고자 하였고 편지를 시작하고부터 모든 순간, 자녀의 삶에 귀 기울이고자 했습니다. 얕은 정신이 깊어지기까지, 저의 정신을 키워내어 꾹꾹 눌러쓴 이 편지가 저의 자녀뿐만 아니라 세상의 모든 자녀에게 진심으로 전해지길 바랍니다. 읽고 쓰고 전할 수 있는 기쁨을 알게 해주신 『엄마의 유산』 작가님들께 깊은 감사의 말씀을 드립니다. - 강해정

『엄마의 유산』 집필 작업은 엄마이기 이전에, 한 인간으로서 지난날의 나를 마주하고 깊이 들여다보는 여정이었습니다. 아이에게 정신을 남겨주기 위해 나부터 바로 서야했고, 나부터 성장해야 했

습니다. 고요하지만 때로는 고통스러웠던 그 시간속에서 혼돈이 질서로 자리잡아가기 시작했습니다. 우리들의 이 항해가 아이들의 길을 밝혀주는 조용하지만 단단한 빛이 되길 바랍니다. 이 여정을 이끌어주신 김주원 작가님과 각자의 길위에서 서로에게 등불이 되어준 작가님들께 감사드립니다. - 김주현

아이들에게 말로는 전하기 어렵지만, 삶을 살아가는 데 빛나는 별자리가 되어줄 소중한 이야기를 엄마의 유산으로 남겨주고 싶었습니다. 그런데, 아이들에게 인생의 별자리를 알려주기 위해서는 제 안의 우주를 먼저 정돈해야 했습니다. 삶이 지옥같을 때 마음속에 평화로운 천국을 지을 수 있는 '마음의 건축가'로 살아보며, 진정한 부의 정신을 세우고 부를 창조하는 연금술을 탐구한 6개월의 긴 항해. 한층 더 깊어진 '나'를 발견하며 우리 자녀들뿐만 아니라, 이 책을 읽는 어른들도 함께 성장하리라 확신합니다. - 김채희

아이에게 전해주고 싶은 진실된 마음을 담아 글을 썼습니다. 아이를 위한 마음이라고 생각했는데, 결국은 나 자신에게 하고 싶은 말이었음을 알게 되었습니다. 나의 틀을 깨고 관점을 바꾸어 내면의 힘을 분출하기 위해 머물렀던 자리에서 마주한 것은, 내 안의 온전함이었습니다. 그 온전함으로 이제 아이의 온전함을 바라봅니다. 이 책은 우리 각자의 온전함을 밝혀주는 등불과도 같습니다. - 서유미

사유와 삶과 글 그리고 '나'. 이 모든 것이 하나로 이어지면서 저만의 회오리가 힘차게 움직이기 시작했습니다. 그 회오리는 '내 안의 나'를 흔들어 깨웠고, '나만의 언어'로 세상을 바라보게 했습니다. 덕분에 이 책은 그렇게 깨어난 저의 첫 걸음이며, 동시에 앞으로도 이어질 여정의 출발점입니다. - 정근아

아이가 스무 살이 되었습니다. 1월 1일, 냉장고 앞으로 가 15년 동안 붙여 놓고 등불로 삼았던 시를 한참 들여다보았습니다. 박노해, '부모로서 해줄 단 세 가지'. 제가 아이를 키운 줄 알았는데 아이가 저를 키웠습니다. 삶은 뒤로 돌아가는 것이 아니었습니다. - 정아라

『엄마의 유산』 공저 안내

엄마의 유산 - 네가 바로 블랙스완이야

초판 1쇄 인쇄 : 2025년 7월 28일
초판 1쇄 발행 : 2025년 7월 30일

글 : 정아라, 강해정, 정근아, 서유미, 김채희, 김주현
북디자인 : 정근아

출판사 : 건율원
출판등록 : 신고번호 제 2024-000026호
주소 : 경기도 양평군 청운면 청운삼성길 64-15
전화 : 010 9056 9736
홈페이지 : https://guhnyulwon.com

(C) 김천기, 김경숙, 정아라, 강해정, 정근아, 서유미, 김채희, 김주현, 2025

ISBN 979-11-989986-2-0 03190

* 이 책의 전부 또는 일부 내용을 사용하려면
  반드시 저작권자와 건율원의 동의를 받아야 합니다.
* 인쇄, 제작 및 유통상에서 발생한 파본 도서는 구입하신 서점에서 교환 가능합니다.
* 단체 주문을 원하시는 분은 건율원에 문의주시기 바랍니다.